我的第一本

經典英文100童謠

My First 100 Nursery Rhymes Book

王曉影　李雪熒　葉芷瑩

Rain rain go away, Come again another day. Little Johnny

A, B, C, Great

cing B! The cat's in the cupboa

Little wind, blow down

ouse ran up the clock,

✴ 精選100經典英詩

✴ 適合3-10歲學童

✴ 附譯文、典故及閱讀指引

認識英文童詩的好處

　　相信許多人都聽過「熟讀唐詩三百首，不會作時也會偷」這句諺語，它的用意當然不是叫人將前人的作品套上自己的名字，然後就當是由自己創作的，而是鼓勵人多背誦唐詩，有助提高文字操控的能力，也就是語文能力。這句話不僅適用於唐詩，套用於英詩，結果也相差無幾。

　　詩，可以說是語言的精華所在。它是一種語言藝術，一種十分獨特的文學體裁。「它飽含着豐富的想像和情感，常常以直接抒情的方式來表現，語言精煉，音調和諧，有鮮明的節奏和韻律。」（摘自《文學的基本原理》）詩不僅通過簡單的字詞、簡短的句子結構，來表達出深遠的意思，還富有音樂性——這是詩歌語言與散文語言的重要區別。童詩因為內容淺白，較容易了解和受小孩子歡迎，所以被歸納為小孩子閱讀的詩。不過，這不代表它脫離了詩的本質。

　　讓孩子自小學習英文童詩，也就是讓他自小接觸文學。他們不僅可藉此了解甚麼是押韻、節奏、古語和俚語，還有助啟蒙英語閱讀和會話能力，甚至幫助他們發掘出寫作的興趣。且正因為童詩簡單易明，內容天真富想像力，貼近孩子的想法，許多甚至可以一邊唱頌，一邊做動作，讓孩子可以通過一種輕鬆好玩的方式，學習英語單字、句型，與正確的發音和音調，促進他們學習英語的興趣，且不容易「過目即忘」。

　　不過，詩之所以是語言的精華，不單在於其精煉的用字遣詞方式，還因為詩句往往蘊藏了很多寶貴的文化和歷史知識。透過學習這些詩句，有助了解該篇童詩創作時代的背景資料和人民生活，奠定文化和文學的基礎。

　　以《London Bridge is Falling Down》這首童詩為例，它十分容易記，且已譜上音樂，相信許多成人對這首童詩仍能琅琅上口！即使只是三、四歲的小孩子，讀過幾次已能夠一邊唱，一邊跟着音樂玩遊戲。不過，除了經典的「Falling Down」一段，它還有多篇續段，例如「Build it up with bricks and mortar」、「Build it up with iron and steel」等等。為甚麼呢？原來，第一座連接泰晤士河的倫敦橋在公元43年建成，由於是以木製成，經常建了又毀，毀了又建，故此才有「Falling Down」一說！隨着時代發展，它多次重建且採用了不同的材料，所以又出現了多段續章。通過學習這首簡單的童詩，不僅可以讓孩子學到新的字詞，還有助了解這座橋的歷史和發展過程。

　　當然，這例子只是其中之一。只要開始閱讀童詩，很容易就可以領會其中的樂趣，甚至對它着迷。如果父母可以跟孩子一起學習這些童詩，更有助建立良好的親子關係，和培養出共同的興趣，也就不怕與孩子沒話題可聊了。

怎樣給孩子讀童詩？

　　童詩到底要怎樣唸呢？明明是一篇詩，怎麼唸起來竟然感覺不到其押韻和節奏感？這可能是許多父母的疑惑。

　　唸英文童詩跟唸一般的詩一樣，首要將個別的字詞唸好。這點，辭典真的是很好的幫手！因為辭典所標的音標不僅說明了字詞的發音和音節輕重，往往還揭示了押韻音和節奏的端倪。例如，若每句的最後一個字都有相同的聲母或韻母，不難猜到每句最後一個字就是押韻音。如果孩子已經六、七歲，不妨將這功課交由他們負責，既可以訓練他們自學，又可以讓他們練習音標，真是一舉多得！

　　然後，就是要留意輕重音和節奏。中文有七言律詩、五言絕詩，對平仄有嚴格的要求，甚至是限制，所以，讀起來很容易就掌握其節奏感，即使沒受過甚麼訓練也能唸得似模似樣。因為，只要音唸對了，抑揚頓挫也就不難掌握。其實，英詩中亦有其規律——當然不是平仄啦——是音節的輕重。大部分英詩的音節排列，基本上都有特定的模式。

　　不過，英詩的輕重和節奏未必每句相同，也就是說，很少會全首詩是完全一致的格律（當然會有例外），加上不可以每個音節都唸成相同的長短，對我們來說，這點往往比較難

掌握。感覺上，有點兒像中文的新詩。只是，如果事先已知道個別字的音標，就會容易得多了！因為音標會註明該英文字那個音是重音，重音通常唸得較大聲，也較長；相對來說，其他音節自然就是輕音，相對唸得較小聲和短。一來二去，多唸幾遍，掌握到唸英文時的語感，自然而然就會開始掌握到該首詩的節奏。

之前提到，唸英詩有點像唸中文新詩，其中一個原因，是因為「停頓」。習慣上，我們會根據標點符號來停頓，且根據不同的標點符號來衡量停頓多久。只是，在英詩 ，甚麼時候停頓、停頓多久還要視乎節奏需要，需要倚靠唸詩者的敏感度來辨別。

其實，停頓和輕重音往往互相影響。雖然在英詩裏，每句的長短和音節多少未必完全一樣，但往往要在相同的時間來唸完。因此，如果其中一或數句詩音節較少，就表示停頓的地方較多，或停頓得較長。另一方面，如果其中一句或數句詩的音節較多，就表示有些音節會非常短和輕，通常為連着重音的音節。

當然，說時容易，做起來又是另一回事。簡單來說，唸英詩需要掌握的節奏、輕重音，其實就是說英語時的語感。情況如同我們聽外國人說中文，有時候，發音不能說不標準，硬是聽起來怪怪的，就是因為語感不對。唸童詩時，覺得唸起來不像詩，也源於此。想唸得好，方法其實也不外乎多聽、多唸和多嘗試罷了，只要多試幾遍，就會發現，其實也不太難啦。

目錄

Rain, Rain, Go Away

Rain rain go away,
Come again another day.
Little Johnny wants to play;
Rain, rain, go to Spain,
Never show your face again!

雨兒雨兒快走開，
要來以後才再來。
小小尊尼要玩耍，
雨兒雨兒去西班牙，
不要再見到你面容。

008

go away [gəu][əˈwei] 離開

come [kʌm] 來到

another day [əˈnʌðə][dei] 以後

Spain [spein] 西班牙

again [əˈgen] 再次

關於這詩

　　在英國都鐸王朝（Tudor monarchs）伊莉莎白一世（Queen Elizabeth I, 1533-1603）時期，英國和西班牙常有軍事衝突。1588年，西班牙派出大型帆船組成的艦隊入侵英國，但被英國海軍的小船和武裝商船打敗了。西班牙艦隊被擊敗的其中一個原因，是被突如其來的風暴打散了艦隊。之後，這首童詩就流傳下來了。

親子 tips

　　童詩一個好玩的地方，是有時可以將詩中的名字改編，例如這裏的「Johnny」可填入小朋友的名字，「Spain」也可用其他地名來代替。

A, B, C

Great A, little a,
Bouncing B!
The cat's in the cupboard,
And can't see me.

大寫A，小寫a，
彈彈B！
貓咪呀，在廚櫃裏，
不見我，牠看不見我。

讀詩識字

great [greit] 大，主要的
bouncing [`baunsiŋ] 跳動的，跳躍的，活潑的
cupboard [`kʌbəd] 食櫥，食具櫃

關於這詩

　　這首詩曾收錄在《真正的鵝媽媽童詩集》（The Real Mother Goose）之中，作者佚名。它用了擬人法，讓英文字母跟小貓咪小孩子都愛玩的遊戲——玩捉迷藏！有助學說話的孩童熟習「A、B、C」三個英文字的發音和音標。

親子 tips

　　詩裏分別用上a（great）、b（bouncing）、c（cat, cupboard, can't）發音的詞語來組成句子，朗讀時，宜注意讓小孩掌握這三個音標的發音方法。

011

Little Wind

Little wind, blow on the hill-tip;
Little wind, blow down the plain;
Little wind, blow up the sunshine;
Little wind, blow off the rain.

微風，吹到山頭；
微風，吹向平原；
微風，吹來陽光；
微風，吹走雨水。

012

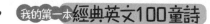
讀詩識字

wind [waind] 風、氣息、氣味
blow [bləu] 吹、充氣、吹動
plain [plein] 平原、曠野

關於這詩

　　這首詩來自Kate Greenaway（1846-1901），她是19世紀時期英國一位十分著名的插畫家，擅於繪畫出孩子純真甜美的一面。即使現在，她的作品仍深受許多大人和小朋友喜愛。她除了為別人的作品繪上插圖外，還曾出版多本兒童插畫繪本，並為自己的作品寫韻文或詩句，這首詩就是其中之一。

親子 tips

　　這首詩每一句都是由兩句片語組成，留意第一句片語最後一個字（wind）和第二句片語第一個字（blow）的語調應略為上升。

Hickory Dickory Dock

Hickory dickory dock,
The mouse ran up the clock,
The clock struck one,
The mouse ran down,
Hickory dickory dock.

滴答滴答嘟，
老鼠跑到鐘上邊，
大鐘打了一點，
老鼠驚跑到下面，
滴答滴答嘟。

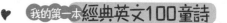

讀詩識字

mouse [maus] 鼠

ran up [ræn][ʌp] 跑上去（ran是run的過去式）

ran down [ræn][daun] 跑下來

struck [strʌk] 打，擊（struck是strike的過去式和過去分詞）

關於這詩

　　這首詩通過模仿打鐘報時的聲音，幫助孩子認識時間的觀念和鐘錶的用途。該詩的最早出版年份是1744年，來源地應該是美洲。「Hickory」這個詞來自北美印第安人的詞語「pawcohiccora」，是指由胡桃果壓製的奶狀液體。而「Dock」是一種名為「皺葉酸模」（Rumex crispus）的蓼科植物，該植物的葉片（牛耳大黃葉）有清熱解毒的藥用功能。

親子 tips

　　英語的押韻方式有三種：頭韻（Alliteration）、輔韻（Consonance）和類韻（Assonance）。頭韻是指相鄰詞的開頭中對相同字母、輔音或不同母音的重複，例如「Hickory dickory dock」中的「hi, di, d」，會使小朋友聽來特別有趣。又例如以下的急口令也是押頭韻：

Please put plenty of paper in Peter's pocket and throw all the waste paper into the waste-paper basket.

Ladybird Ladybird

Ladybird ladybird fly away home,
Your house in on fire and
your children are gone,
All except one and that's little Ann,
For she crept under the frying pan.

小瓢蟲，小瓢蟲快飛回家，
你家已着火，你的小孩正被燒，
除了那個小小的安妮，
因為她爬到了鍋子底下。

016

讀詩識字

ladybird [ˋleidibəːd] 瓢蟲
on fire [ɔn][faiə] 着火，燃燒着
all except [ɔːl][ikˋsept] 全部⋯除了
crept [krept] 爬行，匍匐而行（crept是creep的過去式和過去分詞）
frying pan [fraiiŋ][pæn] 煎鍋，油炸鍋

關於這詩

　　美國版的「Ladybird Ladybird」被改為「Ladybug Ladybug」，相信是因為和「Firebug」（放火者、螢火蟲）這個詞相關。瓢蟲在農民眼中是益蟲，因為瓢蟲可以吃掉害蟲，保護莊稼。農民在收割後會放火燒田園，這時候就會唱這首歌，提醒瓢蟲要飛走。

親子 tips

　　瓢蟲在英國的後花園中很常見，那是紅色帶黑點的昆蟲，有時會飛到人的身上。小孩子常會吹走這可愛的小蟲，並唱這首歌，歐美的孩子會覺得這樣做很有趣。或者下次孩子害怕昆蟲的時候也可以教他唱這首歌，當然要以當時遇到的昆蟲名來代替「Ladybird」。

Red Sky at Night

Red sky at night,
Sailor's delight;
Red sky at morning,
Sailor's warning.

晚上天發紅，
水手最高興；
早上天發紅，
水手要小心。

018

讀詩識字

night [naɪt] 晚上
delight [dɪˈlaɪt] 欣喜、愉快

morning [ˈmɔːnɪŋ] 早上
warning [ˈwɔːnɪŋ] 警告

關於這詩

　　這首童謠的來源是聖經馬太福音（Matthew 16:2-3）：「早晨天發紅，又發黑，你們就說：『今日必有風雨』。你們知道分辨天上的氣色，倒不能分辨這時候的神蹟。」古代的人沒有天氣預報，要在戶外工作的人就要靠自己觀察氣象來預測天氣。在美國，童謠中的預測者是航海員；而在英國，童謠的主角是牧人，這些人的生計都和天氣息息相關。英國的版本如下：

Red sky at night, shepherds' delight.
Red sky in the morning, shepherds take warning.

親子 tips

　　在中國的諺語中，也有「早霞不出門，晚霞行千里」一說，含意和這首英文童謠一樣。這種說法是有科學根據的，因為傍晚如果出晚霞，表示西邊的天空已放晴，加上晚上的對流減弱，使形成彩霞的東方雲層繼續向東方移動或消散，預示第二天會天晴。但若早上東方沒有雲而西方有雲，陽光照到雲上散射出彩霞，代表空氣中水氣充沛，天氣有機會轉為陰雨。

019

If All the World Were Paper

If all the world were paper,
and all the sea were ink,
If all the trees were bread and cheese,
what should we have to drink.

如果整個世界變成紙張，
海洋就是墨水。
如果所有樹變成麵包和芝士，
那麼，我們應該喝些甚麼。

020

讀詩識字

world [wəːld] 世界
paper [ˈpeipə] 紙張
bread [bred] 麵包
cheese [tʃiːz] 芝士

關於這詩

　　這是一首字詞和韻律簡單，以及想像力豐富的童謠。詩中的事物都是在我們日常生活中隨處可見的東西，越是平凡的東西，加上小朋友天馬行空的想像，會產生很多奇怪而有趣的意念，父母不妨跟孩子來一次充滿創意的奇幻旅程。

親子 tips

　　建議父母引導孩子把一些字詞，如paper、ink、bread、cheese作替換，把這首詩變成另一個想像的空間，然後不妨鼓勵孩子把它畫出來。

March Winds

March winds and April showers
Bring forth May flowers.

三月春風四月雨，
催開五月豔麗花。

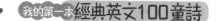

讀詩識字

March [mɑːtʃ] 三月
wind [waind] 風
April [ˈeiprəl] 四月

shower [ˈʃauə] 陣雨
May [mei] 五月

關於這詩

　　這首只有短短兩句的童謠是來自《鵝媽媽說故事》（Mother Goose Nursery Rhymes）。這首詩說的是英國的天氣，三月的風還帶着寒意，四月則常常下雨。英國人相信，沒有四月的雨水，五月的鮮花就不會盛放。這也可比喻人生路途也需經過艱苦，才可得到收獲。

親子 tips

　　父母可藉此詩和子女談談有關月份的知識，例如一月January的名字來自希臘神話中名為「Janus」的神，Janus是前後都有面孔的雙面神，一面看過去，另一面看未來，因此成為新舊年交替的一月之神。二月February在拉丁文有「清淨之月」之意。三月March則指羅馬神話中的軍神March的月份。四月一日是有趣的「愚人節」（April Fool）。五月May則有勞動者的節日（May Day）。

Star Light, Star Bright

Star light, star bright,
the first star I see tonight,
I wish I may, I wish I might,
have the wish I wish tonight.

星星明，星星亮，
我看到今晚的第一顆星，
我想我可以，我想我也許，
今晚所許能如願以償。

024

讀詩識字

bright [braɪt] 明亮、鮮明
wish [wɪʃ] 希望、願望

關於這詩

　　這是一首深受小朋友喜愛的童謠，語言和句子結構簡單，句末押韻，具韻律感，十分適合初讀英文童謠的小朋友學習。事實上，這首童謠源自美國，大概出現於19世紀末，詩中暗示夢想可以透過向星星許願而成真，這正是美國歷史的寫照，因為美國的歷史本身就由一個具有理想和自由的夢想開始。有些小朋友常常不願意睡覺，父母可跟孩子讀這首童謠，讓孩子向星星許願，做個願望成真的甜蜜美夢。

親子 tips

　　很明顯，這首詩是押 aɪt ／（即「-ight」）音，即每一句的最後一個字都押韻，故不難掌握。要留意的是最後一句「have the wish」三字後應略為停頓。

The Flying Pig

Dickory, dickory, dare,
The pig flew up in the air;
The man in brown,
Soon brought him down,
Dickory, dickory, dare.

滴答，滴答，大挑戰！
豬在空中飛，
穿褐色衣服的男子，
很快會帶他下來。
滴答，滴答，大挑戰！

026

讀詩識字

dare [dɛə] 敢，冒險，挑戰
brown [braun] 棕色，憂鬱的
down [daun] 往下

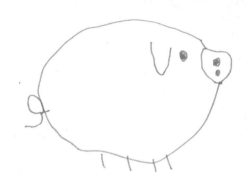

關於這詩

　　這首詩開首和結尾的「Dickory, Dickory」，亦作「Hickery, Dickery」、「Dickory, Dockery」等幾個不同的版本。這是一首很有趣的韻文，許多時會被用作「Hickery, Dickery, Dock!」的第二段，或是被視為另一版本。因為兩首韻文的節奏和規格十分接近，故此可以配上同一樂譜。

親子 tips

　　這首詩第一句和最後一句的「Dickory」其實是表達感情或模仿有趣聲響的發音，故宜用活潑的語氣來唸。接下來分別有兩組主要的押韻音，一組是dare和air，另一組是brown和down。

027

A Well

As round as an apple,
As deep as a cup,
And all the king's horses,
Can't fill it up.

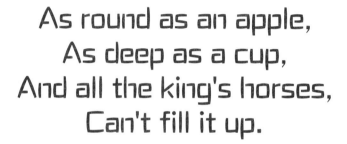

圓圓像蘋果，
深深像個杯，
國皇所有騎兵湧進去，
也都填不滿。

028

round [raund] 圓，球形的
king [kɪŋ] 國王

關於這詩

　　作者佚名，但曾被收錄在不同的
兒童詩集 。這首童詩內容簡單，事
實上還是一首英語謎語。

親子 tips

　　這首童詩除了雙句結尾押韻外（cup和up），句首亦有押韻（and和can't）。

Handy Spandy Jack-a-dandy

Handy spandy Jack-a-dandy
loves plum cake and sugar candy,
He bought some at the grocers shop
and out he came, hop, hop, hop.

愛時髦的男子，
喜愛吃梅子蛋糕和糖果。
他到小商店買了甜食，
離開時，就跳着跳着走。

030

讀詩識字

dandy [ˈdændi] 好時髦的男子
plum [plʌm] 梅子
grocer [ˈgrəusə] 雜貨商店
came out [keim][aut] 出來

關於這詩

　　這首受歡迎的童謠用來嘲諷那些愛時髦的男子。「dandy」一詞約於1780年出現在英語中。當時有一個愛時髦的男子名叫「Beau Brummell」，他享受豪華的生活，穿美麗的衣裳，最後令他債台高築，避債至法國並過着窮困潦倒的生活。

親子 tips

　　孩子在日常生活中常常浪費金錢，父母不妨跟他分享這首詩，讓他知道揮霍會令人一無所有。

The Winds

Mister East gave a feast;
Mister North laid the cloth;
Mister West did his best;
Mister South burnt his mouth,
Eating cold potato.

東風先生辦宴會，
北風先生鋪桌布。
西風先生盡力做，
南風先生張開口，
吃着凍凍的土豆。

032

讀詩識字

Mister [ˈmɪstə] 先生
feast [fiːst] 宴會
cloth [klɔθ] 布
potato [pəˈteitəu] 土豆，即薯仔

關於這詩

　　這首童謠把風擬人化，把它想像成四位紳士，他們將要辦宴會，各人盡一己之力，令宴會變得熱鬧起來。由此可見，這首詩告訴小朋友合作和發揮所長的重要。

親子 tips

　　童謠中提及了東南西北四個方位，父母可運用這首詩來幫助孩子學習方向的名稱，以及懂得辨別方位。

A Wise Old Owl

A wise old owl lived in an oak;
The more he saw the less he spoke;
The less he spoke the more he heard.
Why can't we all be like that
wise old bird?

聰明的老貓頭鷹住在橡樹上，
看到的越多則越靜默。
越靜默則聽到的更多，
為甚麼我們就不能像這聰明的老貓頭鷹？

034

讀詩識字

wise [waiz] 智慧的，聰明的
oak [əuk] 橡樹
owl [aul] 貓頭鷹

關於這詩

　　這首童謠的來源和歷史不明，但它所隱含的意義絕對不只是告誡小朋友要保持安靜，而是希望小朋友學習貓頭鷹的捕食智慧，牠們會花時間耐心觀察和等候獵物，絕不衝動行事。貓頭鷹的智慧象徵來自希臘神話中的智慧之神雅典娜，而雅典的標誌就是貓頭鷹！

親子 tips

　　有些小朋友做事魯莽衝動，缺乏耐性，父母可多跟孩子閱讀這首童謠，讓孩子明白耐心是做事成功的關鍵。

035

Who Killed Cock Robin?

Who killed Cock Robin?
I, said the Sparrow.
With my bow and arrow,
I killed Cock Robin.

誰殺了公雞羅賓？
麻雀說：是我。
用我的弓和箭，
我殺了公雞羅賓。

036

 讀詩識字

kill [kil] 殺死
bow [bəu] 弓
arrow [ˈærəu] 箭
who [huː] 誰人

關於這詩

　　這是一首廣泛流傳的童謠，它的內容其實跟傳奇人物羅賓漢之死有關。羅賓漢是一個以劫富濟貧幫助人的英雄，詩人描述了羅賓漢死了以後，不斷出現像羅賓漢那樣幫助人的人，其實是為了向這位傳奇式的英雄人物致以崇高的敬意。

親子 tips

　　讀這首詩前，最好先跟孩子講羅賓漢劫富濟貧的故事，讓他對這個人物有一定的認識，這樣讀這首詩時，就會容易理解得多。

Lucy Locket

Lucy Locket lost her pocket,
Kitty Fisher found it;
Not a penny was there in it,
Only ribbon round it.

露絲·洛克丟了袋子，
吉蒂·費沙找到它。
一個便士也沒有，
只有緞帶繫着它。

038

讀詩識字

pocket [`pɔkit] 口袋
found [faund] 發現（find 的過去式）
penny [`peni] 便士
ribbon [`ribən] 緞帶，絲帶

關於這詩

　　這首童謠大約出現於1700年代，詩中的露絲‧洛克(Lucy Locket)是女侍，全詩表面上說她丟了袋子，實際指她耗盡了其中一個情人的財產後就拋棄他。後來另一個女子吉蒂‧費沙(Kitty Fisher)不介意露絲‧洛克的舊情人錢財盡散，願意跟他交往。

親子 tips

　　建議父母指導孩子把一些字詞或人名替換，令這首童謠變得更有趣。例如Lucy Locket改為Baby Barbe；Kitty Fisher改為Hello Kitty；pocket改為box，等等。

The Old Woman

You know the old woman
who lived in a shoe?
And had so many children
She didn't know what to do?

I think if she lived in a little shoe-house.
That little old woman was surely a mouse!

你知道嗎？從前有個老婦人，她就住在鞋屋裏面。
她養了一大群小孩，卻不知怎對待他們。

我認為如果她住在一個小小鞋屋裏面。
那個小老婦人一定就是老鼠！

 讀詩識字

woman [ˈwumən] 女人
children [ˈtʃildrən] 小孩子
house [haus] 房屋
mouse [maus] 老鼠

關於這詩

　　這首詩的作者畢翠絲・波特（Beatrix, Potter）是英國兒童讀物作家，她創造了兔子彼得、小魚傑瑞米（Jeremy）、小鴨傑邁瑪（Jemima）等著名的故事主角。波特女士是一名圖畫作家，擅長素描寫生，於1866年出生於英國倫敦，1943年12月22日謝世，一生共著有23本圖書，包括《小兔彼得的故事》、《青蛙吉先生釣魚的故事》等。

親子 tips

　　唸英詩跟唸英文童謠一樣，除了要把個別的音唸好，還需要注意輕重音、休止與節奏。

Georgie Porgie

Georgie Porgie, pudding and pie,
Kissed the girls and made them cry.
When the boys came out to play,
Georgie Porgie ran away.

喬治・布吉，布甸和薄餅，
吻了女孩，使她們嚇壞；
男孩出來找他玩，
喬治・布吉轉身就跑開。

042

讀詩識字

pudding [ˈpudiŋ] 布甸
pie [paɪ] 餡餅
cry [krai] 哭
ran away [ræn][əˈwei] 逃跑（ran是run的過去式）

關於這詩

　　Georgie Porgie其實是指英皇詹姆士一世（King James I）時期的公爵George Villiers（1592-1628）。George Villiers是一名美男子，當時的女士和國王都很喜歡他，國王還給他改了一個暱稱叫「Steenie」，就是「天使面孔」（face of an angel）的意思。

親子 tips

　　這首詩的押韻格式是首兩行和尾兩行押韻（pie與cry、play與away），讀的時候記得在行尾停頓一下。Georgie Porgie也可以當跳繩歌來唱。

Ding Dong Bell

Ding dong bell Pussy's in the well.
Who put her in? Little Johnny Flynn.
Who pulled her out? Little Tommy Stout.

What a naughty boy was that
Try to drown poor Pussycat,
Who ne'er did any harm
But killed all the mice
In the Farmer's barn!

叮噹鈴兒響，小貓掉進井，
誰把牠扔進去？是小約翰·格林。
誰把牠救出來？是小湯姆·司徒。

真是頑皮的孩子，竟然要溺斃小貓。
貓兒甚麼也沒做錯，還抓了所有的老鼠，
就在農夫的糧倉裏。

044

讀詩識字

put in [put][in] 放進去
pull out [pul][aut] 拉出來
naughty [ˋnɔ:ti] 頑皮的
drown [draun] 把...淹死
mice [mais] 老鼠（mouse的複數）

關於這詩

在16世紀莎士比亞（Shakespeare）年代，「Ding dong bell」這一句曾數次在劇作中出現。其實這首童詩原來的結局，是那隻貓最後給頑皮的孩子溺斃了，但後來人們都不想鼓勵虐畜的行為，才加上Tommy Stout救貓的一幕。

親子 tips

詩中的詞語「Ding dong」的讀音和它的詞意所代表的聲音是一樣的，這種詞語叫「擬聲詞」（onomatopoeia）。擬聲詞在中文中也有，例如「滴答滴答」、「辟瀝啪啦」等。

Little Miss Muffet

Little Miss Muffet,
Sat on a tuffet,
Eating her curds and whey;

Along came a spider,
And sat down beside her,
And frightened Miss Muffet away.

小姑娘麥菲，
坐在土墩上，
吃她的芝士；

來了一隻蜘蛛，
坐在她身旁，
嚇跑了女孩麥菲。

046

讀詩識字

curds and whey [kə:ds] [`ænd] [hwei] 芝士
spider [`spaidə] 蜘蛛
sat down [sæt] [daun] 坐下（sat是sit的過去式）
frightened away [`fraitnd ] [ ə`wei] 嚇跑

關於這詩

　　據說，Little Miss Muffet是指英國16世紀著名的昆蟲學家Dr. Muffet（1553-1604）的女兒Patience Muffet，而在吃早餐時把Miss Muffet嚇壞的蜘蛛是她爸爸的收藏品。雖然這故事的可信程度不高，但Dr. Muffet確實是第一個出版英國昆蟲分類著作的科學家。

親子 tips

　　「Tuffet」這個詞除了解作土墩外，也可能是指小凳子，那些小凳子一般是三隻腳的，上面放着軟墊。「Muffet」這名字可能來自「muffin」（鬆餅），也可能只是為了和「tuffet」押韻。

047

One Two Buckle My Shoe

One, two, buckle my shoe,
Three, four, knock at the door,
Five, six, pick up sticks,
Seven, eight, lay them straight,
Nine, ten, a big fat hen.

一、二，扣好我的鞋，
三、四，敲敲門，
五、六，撿起木棒，
七、八，把它們放直，
九、十，一隻大肥雞。

048

讀詩識字

buckle [ˋbʌkl] 帶釦
shoe [ʃuː] 鞋
sticks [stiks] 棒
straight [streit] 平直的

關於這詩

　　這首詩內容似乎與任何歷史事件無關，但可以數到二十，下半首的詩句如下：

Eleven, twelve, dig and delve,	十一、十二，又挖又鑽，
Thirteen, fourteen, maids a'courting,	十三、十四，女傭在侍候，
Fifteen, sixteen, maids in the kitchen,	十五、十六，女傭在廚房，
Seventeen, eighteen, maids in waiting,	十七、十八，女傭在等待，
Nineteen, twenty, my plate's empty.	十九、二十，我的盤子已空蕩蕩。

親子 tips

　　這首詩可以用來幫助練習數數字，也可提升孩子的想像力。

049

This Little Piggy

This little piggy went to market,
This little piggy stayed at home.
This little piggy had roast beef.
This little piggy had none.
And this little piggy cried,
Wee, wee, wee, wee, wee!
All the way home.

這隻小豬去市場，這隻小豬留在家。
這隻小豬吃烤肉，這隻小豬甚麼都沒。
還有這隻小豬哭起來，哇、哇、哇、哇、哇！
都回家。

050

讀詩識字

market [ˈmɑːkit] 市場
stay at [stei][æt] 留在

roast beef [rəust][biːf] 烤牛肉
none [nʌn] 一點兒也沒

關於這詩

　　這是代代相傳、十分受歡迎的一首童謠，早在1728年已出版面世。童謠中的小豬原是指孩子的腳趾，父母可以一邊讀詩一邊數着孩子的手指或腳趾，享受寶貴的親子時光。

　　類似的手指遊戲歌有很多，包括以下這首（head可以其他器官的字代替）：

One little finger, one litter finger,

One little finger, tap tap tap,

Point to the ceiling, point to the floor,

Put it on your head.

親子 tips

　　這首詩的前五行各代表一根手指或腳趾，由大姆指開始。在讀到最後一行的時候，父母會搔癢（手板或腳底）來逗孩子笑。

There Was an Old Woman

There was an old woman
who lived in a shoe,
She had so many children
she didn't know what to do!
So she gave them some broth without any bread,
And she whipped them all soundly and sent them
to bed!

有個老婦人住在鞋子，
她有這麼多的孩子不知如何是好！
於是她給他們肉湯但不給麵包，
然後她重重地鞭打並要他們快上床！

052

讀詩識字

broth [brɔːθ] 清湯（用肉、蔬菜等煮成的）
bread [bred] 麵包
whip [hwip] 鞭笞、抽打
soundly [ˈsaundli] 重重地

關於這詩

　　在英國的歷史上，英皇佐治二世（King George II）開始鼓勵男人戴白色假髮的風氣，但有些人戲謔他戴假髮的樣子像個老婦人，而詩中的那些孩子是指國會議員，那張床則是國會大樓。

親子 tips

　　對孩子來說，學習英文童謠對提高英語水平大有裨益，因為掌握英詩的音韻特點，即重音與非重音形成的節奏，是掌握英文聽說能力其中一個關鍵，而且讀英詩時也可以培養對英語的語感。

Hey, Diddle, Diddle

Hey, diddle, diddle!
The cat and the fiddle,
The cow jumped over the moon;
The little dog laughed,
To see such fun,
And the dish ran away with the spoon.

嗨，滴嘟、滴嘟！
這隻貓和小提琴，
母牛跳上月亮；
小狗大聲笑，
在看這趣事，
連盤子也跟勺子跑掉。

讀詩識字

fiddle [ˈfidl] 小提琴
jump over [dʒʌmp][ˈəuvə] 跳上去
laugh [lɑːf] 大笑
moon [muːn] 月亮
spoon [spuːn] 匙，湯匙

關於這詩

　　這首詩早在1765年就已出版，「diddle, diddle」沒有特別的意思，只是聽起來有趣的發音而已。這首詩可能是諷刺英國皇后伊麗莎白一世（Queen Elizabeth I），詩中的貓就是伊麗莎白一世，而狗是里斯特城伯爵羅伯‧達得利（Robert Dudley, Earl of Leicester）。羅伯‧達得利曾被伊麗莎白一世稱為「哈叭狗」（lap dog）。

親子 tips

　　這首童謠中講的事都很荒誕，但對孩子來說卻可增進想像力，正如迪士尼的故事《愛麗絲夢遊仙境》一樣，有無盡的幻想空間。

Teddy Bear, Teddy Bear

Teddy bear, Teddy bear, touch your nose,
Teddy bear, Teddy bear, touch your toes;
Teddy bear, Teddy bear, touch the ground,
Teddy bear, Teddy bear, turn around.

Teddy bear, Teddy bear, climb the stairs,
Teddy bear, Teddy bear, say your prayers;
Teddy bear, Teddy bear, turn off the light,
Teddy bear, Teddy bear, say goodnight!

泰迪熊，泰迪熊，摸摸你的鼻子，
泰迪熊，泰迪熊，摸摸你的腳趾，
泰迪熊，泰迪熊，摸摸地板，
泰迪熊，泰迪熊，轉個身去。

泰迪熊，泰迪熊，爬上樓梯，
泰迪熊，泰迪熊，說出你的禱文，
泰迪熊，泰迪熊，關上燈，
泰迪熊，泰迪熊，說晚安！

讀詩識字

ground [graund] 地面、場地
climb [klaim] 攀登、上升、攀爬
stairs [stɛə] 樓梯、階梯
prayer [prɛə] 祈禱、祈求、禱文、禱告者

關於這詩

　　這首詩作者佚名，卻是一首很受歡迎的童詩，也可以用來讓小孩從遊戲中學習拼音（Phonic）。它有多個版本，主要是句子後半部分形容的 作不一樣，或次序有別。除了可以用來朗讀外，還可以一邊唸，一邊跟着內容做動作。

親子 tips

　　這首詩的押韻格式是每兩句押一個韻（nose與toes、ground與around、stairs與prayers、light與goodnight），讀的時候宜每兩句一組。

Itsy Bitsy Spider

Itsy Bitsy spider climbing up the spout,
Down came the rain
and washed the spider out.
Out came the sun
and dried up all the rain,
Now Itsy Bitsy spider
went up the spout again!

咦、咦，小蜘蛛爬上了茶壺嘴，
雨水流下來，把小蜘蛛沖走。
太陽出來了，曬乾了雨水，
現在咦、咦，小蜘蛛又爬上了！

058

讀詩識字

spider [ˈspaɪdə] 蜘蛛
climb up [klaɪm][ʌp] 爬上去
spout [spaʊt] 茶壺嘴
rain [reɪn] 雨水、雨
again [əˈgen] 再、再一次

關於這詩

　　這首詩在英國又名為「Incy Wincy Spider」，其來源難以考查，雖然最早的出版年份應是1962年，但應該早已在民間流傳。這首詩講的是一隻蜘蛛在茶壺嘴上的歷險記，但其實是一首手指歌，小朋友都喜歡模仿詩中的動作以增加手指的靈活程度。

親子 tips

　　父母和孩子讀這首詩時，可以這樣和孩子玩手指遊戲：讀第一句和最後一句的時候，輪流以拇指碰着對方的食指。讀「Down came the rain」的時候，向上握着雙方的手，然後在放下來的時候擺動手指；讀「washed the spider out」的時候，將手向兩邊抹。到了第三句的時候，雙手向外各畫出一個半圓形（兩個半圓形組成太陽的形狀）。

Diddle Diddle Dumpling

Diddle diddle dumpling, my son John,
went to bed with his trousers on,
one shoe off and one shoe on,
diddle diddle dumpling, my son John.

滴度、滴度、大麵糰，我的乖仔小約翰，
穿着褲子爬上床，
拖掉一隻鞋但穿着另一隻，
滴度、滴度、大麵糰，我的乖仔小約翰。

060

讀詩識字

went to bed [wɛnt][tuː][bɛd] 爬上床（went是go的過去式）
trousers [ˈtrauzəz] 褲子
shoe [ʃuː] 鞋

關於這詩

　　這也是一首來源難以考查的童詩，可能只是因為某位媽媽覺得這樣講很有趣，就不斷重複並流傳下來。在英國，古老的童詩中的孩子名多數是「Jack」，用「John」是比較少見的，因為「Jack」其實是「John」的俗稱。

親子 tips

　　　童謠讓孩子以一種輕鬆的方式學習英語單字、句型和正確的發音、音調。在歐美國家，《鵝媽媽童謠》（Mother Goose Rhymes）是最出名的童謠集，書中的「鵝媽媽」這個人物來自法國作家Charles Perrault在1697年所編寫的故事集《Tales of My Mother Goose》。之後，英國人收集了很多描述19世紀時代事物的童謠，編成一本書，就取名為《鵝媽媽童謠》。

Jack Sprat

Jack Sprat could eat no fat,
His wife could eat no lean.
And so between the two of them,
They licked the platter clean.

Jack ate all the lean,
Joan ate all the fat.
The bone they picked it clean,
Then gave it to the cat.

傑克·斯布拉特不吃肥肉，他的夫人不吃瘦肉。
一起吃飯時，盤子都被舔得乾乾淨淨。

傑克·斯布拉特吃了所有瘦肉，
他的夫人吃了所有肥肉。
他們拿起乾乾淨淨的骨頭，然後丟給小貓。

062

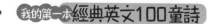

 讀詩識字

wife [waɪf] 妻子、太太
lean [li:n] 無脂肪的、精瘦的肉
between [bɪˋtwi:n] 在...之間
lick [lɪk] 舐、舔吃
platter [ˋplætə] 大淺盤

關於這詩

　　這首童詩可能是影射英國的歷史事件。Jack Sprat是指英王查理斯一世（King Charles I, 1625-1649），他的妻子當然是皇后亨麗埃塔‧瑪麗亞（Queen Henrietta Maria, 1609-1669）。當時查理斯一世要對西班牙宣戰，但國會拒絕撥款（no lean），於是查理斯一世解散了國會，而皇后則強行徵收戰爭稅（fat）以支持這場戰役。

親子 tips

　　英語是以重音（stress-timed）為主要單位的語言，決定節拍的主要因素就是有重音的音節（stressed syllable）。所以在唸英語童謠時，該短的音要唸得短又快，並且「附着」在重音上，而重音則要唸得特別長，節拍才正確。否則若每個音節的長度一樣，唸完一行時，就可能會多出一些音，使整個節拍都亂掉。

Little Boy Blue

Little Boy Blue come blow your horn,
The sheep's in the meadow
the cow's in the corn.
But where's the boy
who looks after the sheep?
He's under a haystack fast asleep.

小男孩保路吹起號角，
羊兒在草地，牛在玉米田。
但看羊的小男孩在哪兒？
他正在乾草堆下睡大覺。

064

讀詩識字

horn [hɔːn] 管樂器、號

meadow [ˋmedəu] 草地、牧草地

corn [kɔːn] 小麥，穀物

look after [luk][ˋɑːftə] 照顧

haystack [ˋheistæk] 乾草堆

關於這詩

　　這首童詩大概起源於中世紀，Little Boy Blue可能是專門看管市鎮教區的籬笆以防牲畜闖入的人，英文名為「Hayward」。該詩的其他版本還包括以下最後兩句：

Will you wake him?（你會叫醒他嗎？）

No, not I - for if I do, he's sure to cry.（不，我不會——否則他肯定會哭。）

親子 tips

　　怎樣選擇適合孩子的童謠呢？其實，就算是《鵝媽媽童謠》也有些太長或太難，或內容和香港小孩子的日常生活完全扯不上關係的。所以選童謠唸給孩子聽時要選較短和簡單的，還要有合適的內容和有節奏感。除了《鵝媽媽童謠》外，由Robert Louis Stevenson編寫的《A Child's Garden of Verses》兒童詩集也值得家長參考，但該詩集程度較深。

Little Jack Horner

Little Jack Horner sat in the corner,
Eating his Christmas pie,
He put in his thumb
and pulled out a plum,
And said "What a good boy am I!"

小傑克霍納坐在街角，
吃着聖誕大薄餅。
他把手指伸進去並拿走一顆梅子，
還說：「我真是個好孩子！」

066

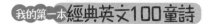

讀詩識字

corner [ˈkɔ:nə] 角，街角　　thumb [θʌm] 拇指

Christmas [ˈkrisməs] 聖誕節　　plum [plʌm] 梅子

pie [pai] 餡餅

關於這詩

　　Little Jack Horner相信是指格拉斯頓伯里修道院的主教（Bishop of Glastonbury）理查德·懷丁（Richard Whiting, 1461-1539）的管家Thomas Horner。格拉斯頓伯里修道院是當時十分富有的修道院，擁有大量莊園。在1536和1540之間，國王亨利八世（King Henry VIII）下令解散修道院。為阻止此事發生，格拉斯頓伯里修道院派Thomas Horner前往倫敦，向國王贈送一個聖誕薄餅，並在薄餅中藏了十多張莊園的地契，以賄賂國王。傳說Thomas Horner在旅途中打開了薄餅，取走了索默塞（Somerset）莊園的地契，並成為該莊園的主人。

親子 tips

這首詩還有一個很有趣的版本：

Little Jack Horner, /Sat in a corner, /Eating a huge Christmas pie, /

He should have checked the sell-by date, （他應該先檢查過期日）

After all, it was mid-July. （畢竟那是七月中到期。）

童詩的趣味其實還在於可以輕易改寫，父母們不妨和孩子一起發揮創意。

Little Tommy Tucker

Little Tommy Tucker
sings for his supper,
What shall we give him?
Brown bread and butter.
How shall he cut it without a knife?
How shall he marry without a wife?

小湯米・塔克，唱歌兒要晚飯，
我們給他甚麼呢？牛油黑麥包。
但他沒有刀怎麼切麥包？
那他沒有妻子怎麼結婚？

068

讀詩識字

supper [ˈsʌpə] 晚餐
butter [ˈbʌtə] 奶油
knife [naif] 刀

wife [waif] 妻子
marry [ˈmæri] 結婚

關於這詩

　　在童謠中，Little Tommy Tucker常指孤兒，而「sings for his supper」則是乞討晚飯。這首詩反映了孤兒的苦況，他們常因為社會地位低下而無法娶妻育兒，所以才有最後一句。該詩在1829年首次出版。

親子 tips

　　「sing for one's supper」是英文成語，是指街頭賣唱的人。這個成語就因為「Little Tommy Tucker」這首兒歌而代代相傳。現在，「sing for one's supper」這成語不再專指唱歌，凡是為了吃飯或報酬而工作的情況，都可以稱為「sing for one's supper」，有中文成語「自食其力」的意思。

Mary, Mary Quite Contrary

Mary Mary quite contrary,
How does your garden grow?
With silver bells and cockle shells,
And pretty maids all in a row.

瑪麗、瑪麗很矛盾
你的花園長得怎樣了？
有銀色的鐘和海貝殼，
還有成列的漂亮女傭。

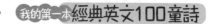

讀詩識字

quite [kwait] 相當、頗
contrary [ˋkɔntrəri] 對立的、矛盾
garden [ˋgɑːdn] 花園

maids [meid] 女僕、少女
row [rəu] 列、排

關於這詩

　　這首童謠的來源有兩種說法，一種是指Mary即蘇格蘭的皇后瑪麗一世（Mary I of Scotland），「your garden」隱喻她的國土，「silver bells」則是指天主教大教堂的鐘，「cockle shells」暗示她的丈夫Darnley欺騙了她，最後他的丈夫被人謀殺了，據說謀殺是瑪麗一世的情夫Lord Bothwell安排的。另一種說法Mary是指英格蘭的皇后瑪麗一世（Mary I of England），而詩的內容則是指英格蘭的瑪麗一世嘗試將羅馬天主教帶到英國的政治事件。

親子 tips

　　英文童謠常隱喻一些政治事件，很多詞語背後都有其他意思，例如silver bells和cockle shell其實是代表兩種刑具，silver bells是拇指夾，cockle shell則是用於生殖器的刑具。「maids」表面的意思是少女或女傭，其實是指斷頭台（Maiden）。當然，這麼殘忍的真相可以留待孩子長大後自己發掘吧！

One, Two, Three, Four, Five

One, two, three, four, five,
Once I caught a fish alive.
Six, seven, eight, nine, ten,
Then I let it go again.
Why did you let it go?
Because it bit my finger so.
Which finger did it bite?
This little finger on the right.

一二三四五，我曾抓住一條魚。
六七八九十，我再讓牠溜走。
為何讓牠走？只因牠咬我手指頭。
牠咬了哪個手指頭？右邊的小指頭。

072

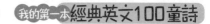

 讀詩識字

caught [kɔːt] 捉住（catch的過去式和過去分詞）
alive [əˈlaiv] 活着的
finger [ˈfiŋgə] 手指
bite [bait] 咬
right [rait] 右邊的

關於這詩

　　這首童謠最早在1888年出版，沒有任何的歷史事件背景，明顯是用來教孩子數數的教育詩句。詩中包含了一個簡單的故事，是為了使孩子覺得更有趣，父母可一邊唸詩一邊和孩子做 作，是很好的親子遊戲。

親子 tips

　　美國作家Shel Silverstein寫了幾本暢銷的現代幽默兒童詩集，有幾首較簡單，包括《A Light in the Attic》中的這一首：
Policeman, policeman, Help me please.
Someone went and stole my knees.
I'd chase him down but I suspect
My feet and legs just won't connect.

073

Pat-a-cake

Pat a cake, Pat a cake, baker's man,
Bake me a cake as fast as you can;
Pat it and prick it and
mark it with a 'B',
And put it in the oven for
Baby and me.

做蛋糕，做蛋糕，麵包師傅，
盡快幫我做個蛋糕，
搓呀，拍呀，還要寫個「B」字，
然後放進焗爐做給孩子和我吃。

074

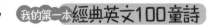

讀詩識字

pat [pæt] 輕拍、輕打

prick [prɪk] 刺穿、扎

cake [keɪk] 蛋糕

oven [ˈʌvən] 烤箱

baker [ˈbeɪkə] 麵包師、糕點師

關於這詩

　　這首童謠最早在1698年出版，其來源起不可考，但反映在蛋糕上寫名字的傳統。可能由於這首詩廣被傳誦，在蛋糕上寫名字的做法才得以流傳下來。

這首童謠受歡迎的另一原因，是可以配合拍手遊戲。有一個拍手遊戲名為「pat-a-cake」，其實就是兩個人輪流拍手的遊戲，也可以將手插入對方的兩掌之間，以鍛鍊雙方的合作協調能力。

親子 tips

　　父母可以和孩子一邊唸童謠一邊玩拍手遊戲，還可以將最後兩行的「B」和「Baby」分別改為孩子的簡稱和名字，玩起來會更親切。此外，這首童謠還可幫孩子辨別「p」和「b」的發音。

Peter Peter Pumpkin Eater

Peter Peter pumpkin eater,
Had a wife and couldn't keep her!
He put her in a pumpkin shell,
And there he kept her very well!

彼得，彼得，吃南瓜的人，
有一個妻子但留不住她！
他把她放在南瓜殼，
這樣他就留住她。

076

讀詩識字

pumpkin [ˈpʌmpkin] 南瓜
keep [kiːp] 持有、保有

shell [ʃel] 殼、果殼
well [wel] 很好地

關於這詩

　　這首童謠中提及的南瓜可能連香港的孩子都能輕易聯想到萬聖節的南瓜燈籠。不過，南瓜在英國其實並不普遍，很多英國人還沒有吃過南瓜，因此，這首童謠應是源自美國。

　　詩的第三句有點令人摸不着頭腦，Peter為何要將他的妻子放在南瓜殼中呢？有一種說法是Peter這樣安置妻子就可以放下某些責任，另一種說法則是為妻子一併解決吃的和住的問題。根據這首童謠的涵義，在英文中可以把pumpkin-eater譯成「養不活老婆的人」。

親子 tips

　　這首童謠還有另一個版本如下：

Peter, Peter pumpkin eater, Had another and didn't love her;
Peter learned to read and spell, And then he loved her very well.

　　此版本的字義真的需要「parental guide」，因為Peter不但移情別戀，甚至有說法是Peter謀殺了前妻後再和新歡在一起。

Pussy Cat, Pussy Cat

"Pussycat pussycat,
where have you been?"
"I've been up to London
to visit the Queen."
"Pussycat pussycat, what did you dare?"
"I frightened a little mouse
under her chair."
"MEOWW!"

「小貓咪，小貓咪，你去了哪裏？」
「我去了倫敦探訪皇后。」
「小貓咪，小貓咪，你敢做甚麼事？」
「我嚇了她座椅下的小老鼠一跳。」
「喵喵！」

078

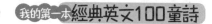
讀詩識字

London [ˈlʌndən] 倫敦

dare [dɛə] 敢、膽敢

frightened [ˈfraɪtnd] 受驚的

mouse [maʊs] 鼠

chair [tʃɛə] 椅子

關於這詩

　　這首童謠可追溯到16世紀英國的都鐸王朝（Tudor England），伊麗莎白一世皇后（Queen Elizabeth I）的女僕在溫莎堡（Windsor castle）中養了一隻老貓。有一天，那隻老貓跑到了王座之下，用尾巴掃了皇后一下，嚇了她一跳。但皇后沒發怒，反而下令這隻老貓只要盡了捉老鼠的責任，就可以在溫莎堡中任意走。

親子 tips

　　近代學者發現，童謠不只對兒童口語有幫助，還能充當語言和文字的橋樑，培養兒童對英語音韻的覺識（Phonological awareness），進而掌握拼寫英文字的原則，因為押韻的音節不僅聽起來相似，寫起來也會相似，而相似音節之間的相異之處則可使他們能察覺字母與發音的關係（letter-sound correspondence）。

079

Rock-a-bye Baby

Rock-a-bye, baby, on the tree top.
When the wind blows,
the cradle will rock.
When the bough breaks,
the cradle will fall.
Down will come baby,
cradle and all.

搖呀搖，小寶寶，在樹梢，
風兒輕輕吹，搖籃跟着晃。
樹枝若折斷，搖籃也跌宕。
寶寶跌下來，搖籃隨着墜。

080

讀詩識字

cradle [ˋkreidl] 搖籃
rock [rɔk] 搖擺
bough [baʊ] 大樹枝

關於這詩

　　這首詩的原名為「Hush-a-bye, Baby」，作者佚名，相傳為第一首出自美國的童詩，其出現可以追溯至1700年代，甚至更久之前。自出版後，不斷有人嘗試續寫或改寫，故現時出現多個不同版本，通常第一段相差無幾，第二（或第三）段卻可能有很大不同。

親子 tips

　　它除了是一首童謠外，同時亦是催眠曲，讀的時候保持輕柔的語氣，留意其偶數行押韻，會較容易掌握其神韻。

There Was a Monkey

There was a monkey climbed up a tree,
when he fell down, then down fell he.
There was a crow sat on a stone,
when he was gone, then there was none.
There was an old wife did eat an apple,
when she ate two, she ate a couple.
There was a horse going to the mill,
when he went on, he stood not still.

有隻猴子爬上樹，牠失手，就跌下來。
有隻烏鴉石上坐，牠飛走，那兒就空了。
有個老太太吃蘋果，她吞下兩個，即吃了一雙。
有匹馬兒跑去磨坊，牠不斷跑，即站不住。

082

讀詩識字

monkey [ˋmʌŋki] 猴子
crow [krəu] 烏鴉
couple [ˋkʌpl] 成雙
mill [mil] 磨坊

關於這詩

　　全詩每兩句為一段，共有9段，反映18至19世紀時英國的生活情況，相信是吟遊詩人在宮庭中表演時，為娛樂當時的權貴而創作的。在那段時期，英國街頭充斥了不少街頭音樂人，有些會帶着受過訓練的猴子，在表演告一段落後，由牠們負責向聽眾收取賞錢。

親子 tips

　　這首詩每一個小段落裏，每句最後一個字是押韻的，例如第一段是tree和he，第三段是apple和couple，第四段是mill和still等，以此類推。

Thirty Days Hath September

Thirty days hath September,
April, June and November;
all the rest have thirty one
except for February alone,
which has twenty eight each year,
twenty nine each leap year.

四月、六月、九月和十一月，
都有三十天，
其他月份各有三十一天。
唯獨二月最不同，
平年二十八天，
閏年卻有二十九天。

084

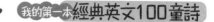

讀詩識字

hath [hæθ] 有
rest [rest] 剩餘
except [ik'sept] 除了，除了……之外
leap year [li:p][jiə] 閏年

關於這詩

　　這是一首由來已久的記誦詩歌，根據詩裏的古英語推測，相信它該在16世紀或以前出現，作者已不可考。不過，到了今天，仍然會讓小孩子背誦這首詩，好讓他們可以能簡單地就記住每個月有多少天。

親子 tips

　　這首詩歌最特別的地方，就是它是一首言之有物的詩歌，不僅教導了12個月份的英文名字，根據其意思，還可以讓人輕易記得每個月份的天數，所以教導孩子時不僅要掌握讀音，明白其內容也是十分重要的。

Five Little Speckled Frogs

Five little speckled frogs,
Sat on a speckled log,
Eating some most delicious grubs.

One jumped into the pool,
Where it was nice and cool,
Then there were four green speckled frogs.

五隻有小斑點的青蛙，坐在有斑點的木上。
吃着美味的蟲兒。

一隻跳進池塘裏，池塘又美又清涼，
現在只有四隻綠色的青蛙。

086

speckle [ˈspekl] 斑點
delicious [diˈliʃəs] 美味的
grub [grʌb] 幼蟲
pool [puːl] 池塘

關於這詩

　　這是一首教導小朋友數數的童謠，與另一首童謠Ten Green Bottles的格式十分相似，
Ten Green Bottles全文如下：

Ten green bottles hanging on the wall,
Ten green bottles hanging on the wall,
And if one green bottle should accidentally fall,
There'll be nine green bottles hanging on the wall.

親子 tips

　　建議父母鼓勵孩子接續詩句，每接續一次減少一隻青蛙，直至全部跳進池塘，
數數也數完。

Rub-a-dub-dub

Hey! Rub-a-dub-dub!
Ho! Rub-a-dub-dub!
Three maids in a tub,
And who do you think were there?
The butcher, the baker,
the candlestick maker,
And all of them gone to the fair!

嘿！嘩呀答答！
呵！嘩呀答答！
三個少女在浴盆裏，
你還想到誰在這兒？
肉商、麵包師傅和燭台匠，
他們都去了聚會！

088

讀詩識字

maid [meid] 未婚女子、少女
tub [tʌb] 浴盆
butcher [ˋbutʃə] 屠夫、肉商

關於這詩

　　這首童詩最早的版本可追溯至14世紀時候，後來曾被改為不同的版本。有學者認為，這首詩所表達的，其實是當時一些受人尊敬的人（肉商、麵包師傅和燭台匠）在做一些可恥的事（偷窺少女洗澡）。

親子 tips

　　這首詩其實可分為上半部和下半部（各三句短句），前三句是簡單的擬聲和述事，後三句則是問答，故語氣應略有分別。

089

Baa Baa Black Sheep

Baa baa black sheep,
Have you any wool?
Yes sir, yes sir, three bags full.
One for the master,
And one for the dame,
And one for the little boy
Who lives down the lane.

咩，咩，小黑羊
你有羊毛嗎？
有啊，有啊，有三袋滿滿的。
一袋給主人，
一袋給老婦人，
還有一袋給住在路邊的小男孩。

090

sheep [ʃiːp] 綿羊
wool [wul] 羊毛
master [ˈmɑːstə] 主人
dame [deim] 婦女、老婦人
lane [lein] 小路

關於這詩

　　這首童謠最早於1744年出版，在英國廣泛流傳。大概在中世紀至19世紀時，羊毛是英國的主要收入來源。據說，這首童謠還跟英王愛德華二世（1307-1327）有關，他曾鼓勵法蘭德斯（歐洲西部一地區）紡織技工好好改良英國的羊毛製品。

親子 tips

　　這首詩的後四行出現了一些人物，如master, dame和little boy，父母可鼓勵孩子嘗試用其他人物或動物替換，如mother, father, teacher, man, little pig, little sister等等。

The Cock Crows in the Morn

The cock crows in the morn,
To tell us to rise,
And he that lies late,
Will never be wise;

For early to bed.
And early to rise,
Is the way to be healthy,
wealthy and wise.

公雞早上啼，催人早起床；
誰要睡懶覺，腦袋不靈光；
早睡又早起，身體又康健，
豐足又智慧。

092

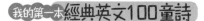

讀詩識字

crow [krəu] 雞啼
wise [waiz] 有智慧的
early [ˋəːli] 提早
healthy [ˋhelθi] 健康的

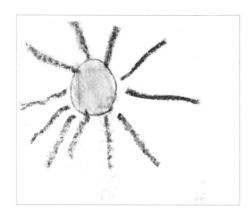

關於這詩

　　這首童謠的韻律非常簡單，內容淺白易懂，是一首十分受歡迎的童謠。童謠中充滿田園的味道，第一線晨光後的第一聲雞啼、早起的人，都是農村常見的畫面。

親子 tips

　　父母跟孩子閱讀這首童謠時，不妨請孩子大膽想像，先由晨光開始，然後一隻公雞啼叫，讓孩子發出「喔……」的叫聲。下次當小朋友早上不願起床時，不妨給他唸這首詩，提醒他早睡早起的重要。

Elsie Marley

Elsie Marley is grown so fine.
She won't get up to feed the swine,
But lies in bed till eight or nine,
Surely she does take her time.

埃爾希‧瑪麗長得如此漂亮，
她長大後不會去餵豬，
只需躺在床上直到八點或九點！
她當然無需匆匆忙忙。

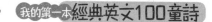

讀詩識字

fine [faɪn] 美好的
get up [get][ʌp] 起床
swine [swaɪn] 豬
take one's time [teɪk][wʌns][taɪm] 不着急

關於這詩

　　這首詩改編自一首叫Eppie Marly的蘇格蘭詩歌，原詩含有一些寓意。原詩其實跟查理斯‧愛德華‧斯圖亞特（Charles Edward Stuart, 1720-1788）有關，他在1745年來到蘇格蘭，要求登上蘇格蘭、英格蘭和愛爾蘭的皇座。他也是一位浪漫主義者，創作了一些文學作品，鼓吹人民抵抗傳統。可是，他失敗了，最後在1788年死於羅馬。這場叛亂實在令人可怕，人們於是就把原詩中的Eppie Marly改為Elsie Marley，並刪去前段。

親子 tips

　　這首詩出現了兩個片語動詞（phrase word），片語動詞是由動詞加特定的前置詞，以指示特定的意思，如「get up」和「take one's time」。在閱讀和欣賞童詩的過程中，可以讓孩子多認識一些片語動詞，有助提高英語水平。

For Want of a Nail

For want of a nail, the shoe was lost.
For want of a shoe, the horse was lost.
For want of a horse, the rider was lost.
For want of a rider, the battle was lost.
For want of a battle, the kingdom was lost.
And all for the want of a horseshoe nail.

為了一顆小釘，丟了一隻鐵蹄。
為了一隻鐵蹄，丟了一匹馬兒。
為了一匹馬兒，缺了一名騎士。
為了一名騎士，輸了一場戰爭。
為了一場戰爭，喪失一個王國。
一切都是因為一顆馬蹄小釘！

096

讀詩識字

nail [neil] 釘子；指甲
shoe [ʃuː] 鞋；蹄鐵
rider [`raidə] 騎馬或騎單車的人
battle [`bætl] 戰役

關於這詩

　　這是一首充滿智慧的英國童謠，約在1390年已面世。童謠中用小釘子、鐵蹄、馬兒、騎士、戰爭、王國等的相繼失去，從而告誡小朋友一些事情的後果，往往是由於一些輕率的行為所致，讓小朋友明白三思而後行的重要。

親子 tips

　　這首詩有一些字雖然比較常見，如shoe和nail，但是一些父母或小朋友可能只知道其中一個意思，如大部分人都知道shoe是鞋子的意思，但很少人會留意到它的另一個意思是鐵蹄。從這首詩可以讓小朋友明白很多英文生字都有不只一個的意思。

097

Here Is the Church

Here is the church, here is the steeple.
Open the doors,
and here's all the people.

Here is the parson, going upstairs.
Here is the parson, saying his prayers.

這裏是教堂，這是它的尖塔。
打開大門吧，人們都在這裏。

這裏有牧師，正在上樓梯。
這裏有牧師，正在跟信徒講道！

098

讀詩識字

steeple [ˈstiːpl] 教堂的尖塔
parson [ˈpɑːsn] 牧師
upstairs [ˌʌpˈstɛəz] 上樓梯
prayer [prɛə] 祈禱的人

關於這詩

　　這是一首容易琅琅上口的童謠，用詞精煉，句子結構簡單。教堂是17至19世紀英國人和歐洲人生活的中心，當時幾乎每個城市和鄉村都會看到教堂和它的塔尖。而這些教堂在不同時期有着不同的建築風格，如米蘭大教堂就是歌德式風格。教堂已成為歐洲歷史文化的一部分，也是現代人旅遊時必到的景點。

親子 tips

　　父母跟孩子唸這首詩時，不妨加入一些需要動用手腳運動的遊戲，如指着教堂和尖塔。每完成一個動作後，配合詩的內容拍一下手掌。當小朋友唸到最後一句時，會發現自己拍手的動作像信徒們在祈禱啊！

099

I Saw a Little Girl I Hate

I saw a little girl I hate,
And kicked her with my toes.
She turned,
And smiled,
And KISSED me!
Then she punched me in the nose.

我遇到一個我憎恨的小女孩，
就用我的腳尖踢她。
她轉身，
並笑了笑，
還吻了我！
然後一拳打在我的鼻子上。

100

讀詩識字

hate [heit] 憎恨
toe [təu] 腳趾、足尖
punch [pʌntʃ] 用拳猛擊
nose [nəuz] 鼻子

關於這詩

　　這是一首有趣的童詩，小女孩為甚麼要吻「我」呢？可能是女孩本來就喜歡男孩，也可能只是要讓他因錯愕而疏於防備。這都是孩子可以發揮想像的地方。

親子 tips

　　童謠在其發源地英國稱為「Nursery rhymes」（安慰幼兒的押韻詩），因為這類歌謠常常有押韻，讀來琅琅上口，又可配合遊戲的節奏，一邊玩一邊唱，容易令人記住。童謠可以讓孩子以輕鬆好玩的方式學習英語單字、句型和正確的發音、音調，使孩子不會覺得學習英語是沉悶的。

Higglety, Pigglety

Higglety, pigglety, my black hen,
She lays eggs for gentlemen;
Gentlemen come every day,
To see what my black hen doth lay.

咯咯咯……我的小黑雞。
牠會為先生下蛋，
先生每天都來，
看看小黑雞生下甚麼樣的蛋。

讀詩識字

black [blæk] 黑色
lay [lei] 下蛋
gentlemen [ˈdʒentlmən] 紳士、男士、先生
doth [dʌθ] 古詩中does的寫法

關於這詩

　　無論是中國還是外國的詩歌或童謠，或多或少都會提及一些動物，例如鳥、鴨、羊、豬、鵝、狼、老鼠等等，這固然跟當時的生活環境有關，而在16至17世紀時，很多童詩都包含這些內容。有人認為16至17世紀是巫術盛行的時代，這些動物很可能與巫術有一定的關聯，有時人們會利用動物來表達巫術的能力。

親子 tips

　　無論這首詩是否跟巫術有關，父母教導小朋友念這首詩時，不妨把一些字詞替換，如black hen換成white duck；gentlemen換成lady或father或其他人名。看看會否出現有趣的內容。

The Lion and the Unicorn

The lion and the unicorn
Were fighting for the crown;
The lion beat the unicorn
All around the town.

Some gave them white bread,
And some gave them brown;
Some gave them plum cake
And drummed them out of town.

獅子與獨角獸，爭奪皇者寶座。
獅子在城裏追擊獨角獸。

有人給他們白麵包，有人給他們黑麵包，
也有人給他們梅子蛋糕，敲鼓咚咚，讓他們出城。

讀詩識字

unicorn [ˈjuːnikɔːn] 獨角獸
crown [kraun] 皇座
fight for [fait][fɔː] 打架
all around [ɔːl][əˈraund] 整個

關於這詩

　　這獅子與獨角獸的童謠出現於1603年，當時蘇格蘭皇帝占士六世成為英格蘭的皇帝，並統一蘇格蘭和英格蘭王國。兩個王國的統一自然需要新的徽章來象徵兩者的合併，當時，兩隻獅子是英格蘭的象徵，而兩隻獨角獸則是蘇格蘭的象徵；於是，新的徽章就將二者合併，各有一隻獅子和獨角獸，後來就出現了這首童謠。

親子 tips

　　讀童詩除了可以學習到一些英文句子和字詞外，還可以知道世界歷史。父母不妨從網上或圖書找來英國皇家的徽章，讓孩子一邊讀詩一邊想像。未來的教育將會向世界公民一途邁進，孩子從小認識世界各國的文化和歷史，有助培養世界公民意識。

105

Little Nancy Etticoat

Little Nancy Etticoat
with a white petticoat
and a red nose;
She has no feet or hands,
the longer she stands,
the shorter she grows.

小小蘭茜・艾提高，
穿着漂亮白裙子。
長着紅鼻子，沒手也沒腳，
站得越久，就會越矮。

106

讀詩識字

petticoat [ˈpetikəut] 裙子
nose [nəuz] 鼻子
feet [fiːt] 腳
hand [hænd] 手

關於這詩

　　這是一首傳統的英語童謠，相信大家在閱讀時會感到奇怪，為甚麼這個小女孩站得越久就會越矮？！大家不妨猜一猜。猜到了嗎？其實，這首詩是一個謎語，猜一種生活用品。答案是蠟燭！蠟燭燃點越久自然會越來越矮。詩中的白裙子是指白蠟燭；紅鼻子指火光。

親子 tips

　　這首詩既有趣又易懂，最適合跟孩子一起設計一些身體動作，以配合詩中的內容。如說到紅鼻子，就用手指指着自己或對方的鼻子；站得越久越矮，就直立身體，然後做慢慢變矮的動作。

The North Wind Doth Blow

The North wind doth blow
and we shall have snow,
and what will poor robin do then,
Poor thing.

He'll sit in a barn and keep himself warm
and hide his head under his wing,
Poor thing.

北風吹呀吹，將會下大雪，
可憐的羅賓會做甚麼，可憐的傢伙啊。

他會坐在糧倉 ，雙手抱着頭，
讓自己暖和一點，可憐的傢伙啊。

108

讀詩識字

doth [dʌθ] 即does
blow [blau] 吹
snow [snəu] 下雪
barn [bɑːn] 糧倉、馬房、牛舍

關於這詩

這首詩又稱為The Robin，是一首流傳甚廣的英國童謠，據說，它最早出現於16世紀。全詩的用意除了令讀者同情詩中的小孩羅賓外，還告訴小朋友跟親人保持親密的關係是十分重要的，否則自己會覺得孤零零。

親子tips

這首詩的時代雖是16世紀，但一些主題仍適合今天的小朋友好好思考。例如小朋友應該怎樣跟家人維持和諧的關係？我們在享受豐裕的物質時，一些貧窮地區或國家的小朋友，究竟過得怎樣呢？懂得多元思考，是十分重要的學習能力之一。

Tom, Tom the Pipers' Son

Tom, Tom the pipers' son,
Stole a pig and away he ran.
The pig was eat,
and Tom was beat;
And Tom went crying down the street.

湯姆，湯姆，笛手的兒子，
偷了一隻豬，撒腿趕快跑！
豬被吃掉了，
湯姆挨了打，
他走到街上哇哇放聲哭。

110

讀詩識字

piper [ˈpaɪpə] 管道工、吹笛子的人
stole [stəul] 偷、巧取（steal的過去分詞）
beat [biːt] 打、敲打

關於這詩

　　這首詩收錄在《鵝媽媽童謠》之中，相信是約在18至19世紀出現的童謠，源自一個風笛手兒子的故事，內容講述身為笛手的爸爸不僅沒有為兒子樹立良好的榜樣，更做了錯誤的示範，結果對小孩子帶來負面影響。

親子 tips

　　這首詩基本上是用「抑揚格」（iambic），除了第一句外，其他都應該是輕音、重音、輕音、重音地唸。唸第一句時，要留意每唸完Tom後，都應該略作停頓。

Two Little Dicky Birds

Two little dicky birds sitting on a wall.
One named Peter, one named Paul.

Fly away Peter, fly away Paul.
Come back Peter, come back Paul.

兩隻小小鳥，站在圍牆上。
一隻叫彼得，一隻叫保羅。

彼得飛走了，保羅飛走了。
彼得回來吧，回來吧保羅！

112

讀詩識字

dicky [ˈdik] 弱的、不穩的
fly [flaɪ] 飛
away [əˈwei] 離、遠離
come [kʌm] 過來、來
back [bæk] 回原處、回去

關於這詩

　　雖然只有短短四句，這首詩卻有兩個名字。除了根據習慣，以第一句為名外，它又名為「Fly away Peter, Fly away Paul」，相信是因為對小孩子來說，描述小鳥動作的句子會更容易記得之故。

親子 tips

　　這首詩的節奏甚容易掌握，為了加深小孩子的印象，家長還可以一邊唸，一邊根據詩的內容變小戲法。方法是以左右手的食指分別代表兩隻小鳥，然後根據詩的內容搖動、伸出或屈曲食指。

113

Old Mother Goose

Old Mother Goose,
When she wanted to wander,
Would fly through the air,
On a very fine gander.

Mother Goose had a house;
It stood in the wood,
Where an owl at the door,
As sentinel stood.

老鵝媽媽呀，當她想要散步時，
可以飛上半空中，只要騎上大雄鵝。

鵝媽媽有間屋，建在樹林中。
門前有隻貓頭鷹，站得直又挺。

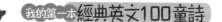

goose [guːs] 鵝
wander [ˈwɔndə] 漫步、徘徊
gander [ˈgændə] 雄鵝
sentinel [ˈsentinəl] 哨兵、警戒

關於這詩

　　根據內容來推敲，這佚名者撰寫的作品很可能是16世紀時期所創作，當時正是大肆獵殺女巫的時期。如果仔細留意所有撰寫關於「鵝媽媽」的童詩，不難發現「鵝媽媽」正是女巫的代稱，例如她騎上雄鵝（暗喻掃帚）可以在空中飛翔，離群獨居，住在森林裏的神秘小屋，通常與動物為伴，例如貓咪或貓頭鷹。

親子 tips

　　這首詩採用偶數句押韻的形式，第一段為wander和gander，第二段為wood和stood。唸的時候，尤其要注意停頓，否則會難以掌握重音節奏。

115

A Flea and a Fly

A flea and a fly,
Flew up in a flue.
Said the flea, "Let us fly!"
Said the fly, "Let us flee!"
So they flew through a flap
in the flue.

一隻跳蚤和一隻蒼蠅
飛進煙道裏。
跳蚤說：「讓我們飛吧！」
蒼蠅說：「讓我們逃跑吧！」
牠們就飛越了煙道裏的一條裂紋。

116

讀詩識字

flea [fliː] 跳蚤
flew [fluː] 飛（fly 的過去式）
flue [fluː] 煙道、暖氣管、漁網
flee [fliː] 逃跑
flap [flæp] 蓋、邊、摺板

關於這詩

　　這首詩既是一首韻文，同時還是一首英語繞口令，也就是英語發音的遊戲，可以訓練孩子的「fl」音。《A Flea and a Fly》有幾個差不多的版本，內容都是講述一隻跳蚤和蒼蠅困在煙道的故事，只是用字略有分別，但以這個版本流傳最廣。

親子 tips

　　朗讀這首詩時，尤其要留意不同以「fl」為首的詞語發音，同時小心掌握節奏。當孩子熟習以後，不妨比賽講誰較快唸完它。

Bobby Shafto

Bobby Shafto's gone to sea,
Silver buckles on his knee;
He'll come back and marry me,
Bonny Bobby Shafto!
Bobby Shafto's bright and fair,
Combing down his yellow hair;
He's my love for ever,
Bonny Bobby Shafto!

波比‧雪弗托出海了，銀扣子扣在膝蓋上；
他會回來迎娶我，俊美的波比‧雪弗托！
他有金色亮麗的頭髮，他在梳理金黃的頭髮，
他是我永遠的愛人，俊美的波比‧雪弗托！

118

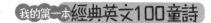
讀詩識字

buckle [ˋbʌkl] 扣子
knee [niː] 膝蓋
fair [fɛə] 金色的（頭髮）、公平的
comb [kəum] 梳頭

關於這詩

　　這是一首熱情奔放的童謠，寫一個女子對波比‧雪弗托的愛。這個波比‧雪弗托很有可能是18世紀時的英國國會議員羅拔‧雪弗托（Robert Shafto），他也是一位美男子，生於1732年。雪弗托家族很早就涉足英國政壇，羅拔‧雪弗托於1760年成為國會議員，他當時有一個綽號叫「Bonny Bobby Shafto」。美男子 愛機會多，羅拔‧雪弗托曾經令一個名叫「Bridget Belasyse」的女子心碎。當他打算跟另一個女子結婚時，Bridget Belasyse傷心過度而死了。一首熱情的愛情詩，卻原來是一個戀愛悲劇。

親子 tips

　　父母跟孩子讀這首童謠時，宜留意押韻的字詞，如第一、二和三行的see、knee和me；第五、六和七行的fair、hair和ever。

119

Bye, Baby Bunting

Bye, baby bunting,
Father's gone a-hunting,
Mother's gone a-milking,
Sister's gone a-silking,
Brother's gone to buy a skin
To wrap the baby Bunting in.

再見，小寶寶，爸爸去打獵，
媽媽去擠奶，姐姐去織絲綢，
哥哥去買皮毛，蓋着小寶寶。

120

讀詩識字

bunting [ˈbʌntiŋ] 裹着嬰兒的布
hunting [ˈhʌntiŋ] 打獵
milking [ˈmilkiŋ] 擠奶

關於這詩

　　這是一首逗小寶寶或唱給小寶寶聽的童謠，有多個版本，最早的版本出現於1784年的英國，詩題是Cry baby Bunting：

Cry, baby Bunting,
Daddy's gone a-hunting,
Gone to get a rabbit skin,
To wrap the baby Bunting in.

親子 tips

　　流傳越廣的詩歌，在不同年代和不同的地方會出現不同的版本，父母不妨利用同一首童謠的不同版本，鼓勵孩子比較各版本的異同，從中選出最喜歡的版本。

121

Christmas Is Coming

Christmas is coming,
the goose is getting fat,
Please put a penny in the old man's hat.
If you haven't got a penny,
a ha'penny will do,
If you haven't got a ha'penny,
a farthing will do,
If you haven't got a farthing
then God bless you!

聖誕快來了，鵝兒越來越肥美，
請把一個便士投入老伯的帽子吧。
如果沒有一便士，半便士也可以，
如果沒有半便士，四分一便士也可以，
如果你沒有四分一便士，神會祝福你！

122

讀詩識字

goose [guːs] 鵝
penny [`peni] 便士，英國貨幣
ha'penny [`heipni] 半便士
farthing [`faːðiŋ] 四分一便士，英國過去的貨幣
bless [bles] 祝福

關於這詩

　　這是一首聖誕節慶的童謠，在英國人傳統的聖誕餐宴裏，鵝是主要的菜餚。當家家戶戶都享受着聖誕歡樂的氣氛時，有多少人會想到那些窮苦的人？因此，這首童謠是要告訴小朋友多做善事，即使花盡自己所有的，仍會得到上天的祝福，因為施比受更有福。

親子 tips

　　香港的小朋友，物質生活從來都不缺。父母要在日常生活中培養孩子的慈悲心和同理心，當自己吃自助餐或飲水時，如能想到仍在挨餓的或沒有乾淨食水可飲用的小朋友，孩子就會加珍惜食物和食水。

123

I'm a Little Teapot

I'm a little teapot, short and stout,
Here is my handle, here is my spout.
When I get all steamed up
then I shout.
Tip me over and pour me out.

我是一個小茶壺，矮矮又胖胖，
這是我的把手，這是我的壺嘴，
當我發出蒸氣時，請聽我呼喊，
使我傾斜，然後讓我傾吐！

124

讀詩識字

teapot [ˈtiːpɔt] 茶壺
stout [staut] 矮肥的
spout [spaut] 噴口
tip [tip] 傾斜

關於這詩

　　這首童詩內容淺白易懂，是一首流傳甚廣的韻文。除了朗讀外，還可以一邊朗讀，一邊扮成茶壺，根據詩的內容來做動作。（第一句：屈曲膝蓋，兩手向下彎曲；第二句：一手叉腰成把手，一手平舉成噴嘴；第三句：兩手在頭頂打圈；第四句：重複第二句時的造型，但身體向噴嘴方向傾斜，模仿倒茶時的樣子。）

親子 tips

　　這首童的押韻音在每句的最後一個字，分別是stout、spout、shout 和 out（即/-　/），唸的時候尤其要留意適當地停頓，才能掌握其節奏。

Goosey Goosey Gander

Goosey, goosey, gander,
where shall I wander,
Upstairs? Downstairs?
And in my lady's chamber?
There I met an old man
who wouldn't say his prayers,
I took him by the left leg,
and threw him down the stairs.

鵝，鵝，呆頭鵝，我該何處去？
上樓梯？下樓梯？
還是我的淑女房間？
我見到一個老人，不願説出禱文。
我用左腳踢倒他，然後扔他下樓梯。

126

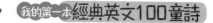

goosey [`guːsi] 笨蛋、傻瓜
gander [`gændə] 雄鵝、呆子
chamber [`tʃeimbə] 房間、容器
prayer [prɛə] 祈禱、禱文

關於這詩

　　這首童詩乍看似是在講述孩子的頑皮事蹟，亦有指它在隱晦地講述16世紀時英國的宗教分歧。在許久以前，一些上流社會的女子會有自己的私人房間，稱為「淑女房間」，這兒則用來比喻用來躲藏的密室。它講述一個祭司躲進密室裏，卻被發現了，因為不敢說出禱文而被扔下樓梯。這是因為當時是以禱文來區分新教徒和天主教徒：前者是以英文來唸禱文，後者則是以拉丁文來唸。

親子 tips

　　這首詩的押韻音不難掌握，就在第一、二、三、四、六、八句的結尾處，但要留意其節奏，在唸第二句的「where」和第五句的「There」後，應略為停頓。「Goosey Goosey Gander」在這首詩中沒有特別的意思，只是讀起來好聽而已，其原意可能是指一隻名為「Gander」的雄鵝。

127

Hark, Hark, the Dogs Do Bark

Hark, Hark, the dogs do bark!
The beggars are coming to town!
Some in rags and some in tags,
And some in velvet gowns.

聽啊，聽！那些狗在吠！
乞丐走進城！
有的披抹布，有的披破衣，
有的穿着絲絨袍。

128

讀詩識字

hark [hɑːk] 傾聽
bark [bɑːk] 吠聲
beggar [ˋbegə] 乞丐
rag [ræg] 抹布
tag [tæg] 碎片

關於這詩

　　這首詩描述的背景可追溯至13世紀時的英國，當時，由於乞丐可以遊走於不同的城市，故可利用這身分來傳遞訊息，有心人往往可以從他們詠唱的歌謠之中得到祕密資料，這些資料甚至可能有助反抗當時的貴族、政策甚至皇權。而詩歌開首的吠叫聲，其實帶着警告意味。

親子 tips

　　這首童詩前兩句是警告，意謂小心不明來歷的進城人士，後兩句則是乞丐們詠唱的歌謠，故語氣應略有分別。

129

Wheather the Weather

Whether the weather be fine,
Or whether the weather be not,
Whether the weather be cold,
Or whether the weather be hot,
We'll weather the weather,
Whatever the weather,
Whether we like it or not.

不管天氣好，還是天氣壞；
不管天氣冷，或是天氣熱，
我們都要禁得起天氣，
不管天氣怎麼樣，
不管喜歡不喜歡。

130

讀詩識字

whether [ˈhwɛðə] 是否……、是不是……

Weather [ˈwɛðə] 天氣、處境、風吹雨打、風化

whatever [hwɔtˈɛvə] 無論甚麼、不管甚麼

關於這詩

　　它實際上是一首英文繞口令，利用兩個字音十分接近的英文詞語Weather和Whether創作而成，內容亦寓有深意。

親子 tips

　　留意Weather和Whether兩字的讀音，當孩子熟習以後，不妨讓他唸快一點，甚至可以計時比賽速度。

Winter

Cold and raw the north wind doth blow,
Bleak in the morning early,
All the hills are covered with snow,
And winter's now come fairly.

北風吹，冷得人生痛，
清早天氣陰又冷，
積雪蓋滿山，
冬天真來了。

132

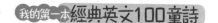

raw [rɔː] 陰冷的
bleak [bliːk] 荒涼的、蕭瑟的

關於這詩

　　這是一首關於氣候的童詩，除了以第一句作為詩名外，亦根據其內容被稱為「Winter」。這首童詩亦被收錄在《鵝媽媽童謠》之中。

親子 tips

　　這首詩為雙單句分別押韻的結構，單句是blow和snow，雙句是early和fairly。

Once I Saw a Little Bird

Once I saw a little bird
Come hop, hop, hop,
and I cried, Little bird,
will you stop, stop, stop?

I was going to the window
to say, how do you do?
but he shook his little tail
and away he flew.

當我見到一隻小鳥，就雀躍起來，
然後喊着說小鳥，小鳥，
你會停下來，停下來麼？

我快要走近窗台，想跟他說「你好嗎？」
但他擺擺小尾巴，然後飛走了。

134

讀詩識字

hop [hɔp] 跳躍
cry [krai] 大叫；哭
tail [teil] 尾巴
flew [fluː] 飛（fly的過去式）

關於這詩

　　這是一首充滿童趣的詩歌，如實地反映了兒童由感到雀躍到有點失望的心理變化。字詞易懂，句子結構簡單，而且多使用重複的字詞，如hop和stop，增加詩歌的律動感。

親子 tips

　　父母可引導孩子以另一些字替換hop和stop，如Come talk, talk, talk；will you go, go, go等等，讓小朋友體會重複字詞對詩歌律動的影響。

Solomon Grundy

Solomon Grundy, born on a Monday,
christened on Tuesday,
married on Wednesday,
took ill on Thursday, worse on Friday,
died on Saturday, buried on Sunday.
This is the end of Solomon Grundy.

所羅門・格蘭德，在星期一出生，
在星期二受洗，在星期三結婚，
在星期四病了，在星期五病危，
在星期六死亡，在星期日安葬，
這是所羅門・格蘭德人生的終結。

讀詩識字

christen [ˈkrɪsn] 受洗
marry [ˈmæri] 結婚
ill [ɪl] 疾病
bury [ˈberi] 埋葬、安葬

關於這詩

　　這是一首內容和格式都十分有趣的童謠；在內容上，它用短短九個句子來說出所羅門‧格蘭德，也是每個人一生都會經歷的人生，包括出生、結婚、生病、死亡。在格式上，最有趣的地方是「每件事」都發生在一星期中的其中一天。當然這首詩可能告訴小朋友時間是短暫的，也非常寶貴的。

親子 tips

　　如果小朋友總是記不住英語中各日子的排序，父母不妨多跟孩子唸這首童謠，日子久了，自然會容易記得。

137

A-Tisket, A-Tasket

A-tisket, a-tasket,
A green and yellow basket.
I wrote a letter to my love,
But on the way I dropped it.

I dropped it, I dropped it,
And, on the way I dropped it.
A little boy picked it up,
And put it in his pocket.

踢踢踏，踢踢踏，一個黃綠色的籃子，
我給情人寫了一封信，但在半路上丟失了。

丟失了，丟失了，在半路上丟失了。
一個小男孩拾到它，把它放進口袋。

讀詩識字

basket [ˈbɑːskit] 籃子
letter [ˈletə] 信
on the way [ɔn][ðə][wei] 中途
pick up [pik][ʌp] 拾起物件

關於這詩

　　這是一首出現於19世紀的童謠，文字淺白易懂，可配合身體動作，讓孩子在充滿律動的節奏中，明白詩歌的內容。例如讀到A-tisket, a-tasket，父母可鼓勵孩子試着用腳尖和腳跟輕點地面，然後作寫信樣子，諸如此類。

親子 tips

　　詩中一些字詞也可以用其他字詞替換，以創作出不同的內容。例如 wrote a letter 改為 draw a picture、A little boy 改為 A little cat、pocket 改為 bag 或 box。

Bat, Bat

Bat, bat,
Come under my hat.
And I'll give you a slice of bacon,
And when I bake,
I'll give you a cake,
If I am not mistaken.

小蝙蝠，小蝙蝠，從帽子下走出來。
我給你一片煙肉，當我烘製美食時，
我會請你吃蛋糕，假如我沒有弄糟。

140

讀詩識字

bat [bæt] 蝙蝠
hat [hæt] 帽子
a slice of [ei][slais][ɔv] 一片
mistaken [mìˋsteikən] 錯誤

關於這詩

　　這是一首有趣的童謠，充分運用了相似讀音的韻律特性，製造音樂效果，而小朋友在閱讀時也會容易琅琅上口。例如詩中第一及第二行，bat和hat讀音相似，形成押韻效果，再如第四和第五行的bake和cake，也是如此。

親子 tips

　　這首詩有一組量詞「a slice of」，無論是中文還是英文，有時會用到量詞，建議父母把詩中的量詞特別提出來，告訴孩子這個量詞通常用於薄片或切片的東西，然後鼓勵孩子運用這個量詞來描述一種事物，如a slice of pizza、a slice of bread等等。

A Swarm of Bees

A swarm of bees in May,
Is worth a load of hay.
A swarm of bees in June,
Is worth a silver spoon.
A swarm of bees in July,
Isn't worth a fly.

五月一群小蜜蜂，價如乾草飼料。
六月一群小蜜蜂，價如銀製湯匙。
七月一群小蜜蜂，還不如一隻蒼蠅！

142

讀詩識字

A swarm of [ei][swɔːm][ɔv] 一群
hay [hei] 做飼料用的乾草
worth [wəːθ] 有... ...的價值
silver [ˈsilvə] 銀
spoon [spuːn] 湯匙

關於這詩

　　這是一首廣泛流傳的童謠，詩歌內容其實跟天氣有關，當時的人們相信天氣是可以預測的，當然我們現在有天文台為市民做氣象預報，但以前的人們還是需要透過觀察周圍的自然現象，來預測天氣的。此外，在英文詩歌中，蜜蜂常常象徵皇室和繁盛的景況，可見這首詩同時也在暗示當時社會一片興旺。

親子 tips

　　父母可利用這首詩來幫助小朋友學習一些月份；此外，詩中的量詞「a swarm of」也值得小朋友學習，不妨引導孩子運用這個量詞來描述其他昆蟲。

143

Birds of a Feather

Birds of a feather,
Flock together,
And so will pigs and swine.
Rats and mice,
Will have their choice,
And so will I have mine.

一群鳥兒在一起，
小豬大豬也共聚。
大小老鼠有喜好，
我也有我的選擇。

144

讀詩識字

feather [ˈfeðə] 羽毛
flock [flɔk] 成群地來去
choice [tʃɔis] 選擇
swine [swain] 豬

關於這詩

　　在中英文語言裏都有一些古代流傳下來的約定俗成的諺語（Proverb），而Birds of a feather在英語中是一個非常古老的諺語，最早出現於《聖經》。運用時，通常是birds of a feather flock together，而of a feather跟of a kind或of the same species相同，都是用來區分不同種類時使用的，而羽毛（feather）就是鳥類最明顯的特徵。

親子 tips

　　小朋友明白了這句諺語的意思後，父母不妨引導孩子想一想，在中文裏，哪些諺語或四字成語跟birds of a feather flock together意思相同？答案是：「物以類聚，人以群分」、「同類的人，一丘之貉」等。

145

Horsey, Horsey

Horsey horsey don't you stop,
Just let your feet go clippetty clop,
The tail goes swish
and the wheels go round,
Giddy up, we're homeward bound.

馬兒馬兒不要停，
就讓你的腳步噠撻跑，
尾巴嗖嗖聲，車輪在轉，
奔馳吧，我們在歸途上。

146

讀詩識字

feet [fiːt] 腳、腳步（feet 是foot的複數）

tail [teil] 尾巴、尾部

wheels [hwiːlz] 車、車輪

homeward bound [ˋhəumwəd][baund] 向家、向本國

關於這詩

　　這首詩的來源也難以考查。在英國歷史上，「Giddy up」（吆喝馬奔跑聲）常被用來形容歸來的騎士，但也常被其他地方引用。這首詩還有另一個版本如下：

Horsey horsey on your way, （馬兒噠噠在路上）

We've done this journey many a day, （我們已旅行了很多天）

Let your tail goes swish and the wheels go round,

Giddy up, we're homeward bound.

親子 tips

　　「Horsey horsey」是擬聲詞（onomatopoeia），即詞語的意思和讀音互相配合，都是指奔跑的馬，擬聲詞在英文童詩中十分常見。而詩中的「swish」（嗖嗖聲）和「clippetty clop」（馬蹄聲）則是象聲詞，像「嘀答嘀答」那樣，以語音代表詞意。

Humpty Dumpty

Humpty Dumpty sat on a wall,
Humpty Dumpty had a great fall.
All the King's horses, and
all the King's men,
Couldn't put Humpty together again!

矮胖子，城牆上坐，
矮胖子，摔破了頭。
所有皇帝的馬兒和所有皇帝的手下，
都不能將他再擺上去。

148

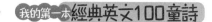

讀詩識字

wall [wɔːl] 牆
fall [fɔːl] 落下、跌倒
put…together [put][təˈgeðə] 放在一起、放回原位

關於這詩

　　「Humpty Dumpty」其實是一座大炮的名稱。在1642-1649英國內戰期間，卡雀斯特（Colchester）的保皇黨為對抗圍攻他們的議會派圓顱黨（Roundheads），在卡雀斯特城牆旁邊的聖瑪麗教堂上（St Mary's Church）放置了這門大炮。不過，這門大炮所在的城牆後來被議會派打中，大炮也掉到地上。由於這座炮太重，保皇黨無法重新將之豎立，間接導致卡雀斯特城被攻陷。

親子 tips

　　Humpty Dumpty[ˈhʌmptɪ][ˈdʌmptɪ] 也是《鵝媽媽童謠》中的人物，是一隻擬人化的雞蛋。為甚麼會將雞蛋的名改為「Humpty Dumpty」呢？那是因為「Humpty Dumpty」在15世紀英國人的俗語中也是指癡肥笨拙的人士。

It's Raining

It's raining, it's pouring;
The old man is snoring.
He went to bed,
And bumped his head,
And he couldn't get up in the morning.

下雨了，傾盆雨，
那個伯伯正打鼾。
他上床，撞到頭，
然後早上醒不來。

150

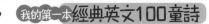

讀詩識字

pour [pɔː] 傾瀉

snore [snɔː] 打鼾

bump [bʌmp] 碰撞、撞擊

關於這詩

　　這首詩作者佚名，因為簡單易讀，被用作教導小孩子學習韻律的教材，且早已被人譜上樂曲，成為一首流傳很廣的童謠。

親子 tips

　　這首詩的節奏感很強，朗讀時，尤其要注意長短音要有明顯分別。另外，開首三句的押韻音為 / /，所以押韻字除了raining、pouring和snoring外，還有man。

Jack Be Nimble

Jack be nimble,
Jack be quick,
Jack jump over the candlestick.
Jack jumped high,
Jack jumped low,
Jack jumped over and burned his toe.

傑克很敏捷，
傑克快點，
傑克要跳過燭光。
傑克跳高，
傑克竄低，
傑克跳過去但燒到腳趾。

152

讀詩識字

nimble [`nɪmbl] 靈巧的、敏捷的      candlestick [`kændlstik] 燭光

quick [kwɪk] 快的、迅速的   toe [tau] 腳趾、足尖

關於這詩

　　這首童詩的首次出版年份是1798年。Jack可能是指英國的海盜Black Jack，所以才有「Jack be nimble」這一句，意思是指動作慢就會被抓住。而「jump over the candlestick」的來源則有兩種說法，一是指以前的人相信，將蠟燭放在小孩子身邊可防止黃熱病（yellow fever，又名yellow jack fever）。另一種說法是指跳燭光（Candle Leaping）的遊戲。這種遊戲來自跳火的傳統，因跳火太危險才以跳燭光來代替。

親子 tips

　　由美國民歌樂手Don McLean主唱的「American Pie」中有：
「So come on Jack be nimble, Jack be quick, Jack Flash sat on a candlestick」，也是來自這首童謠。

A Little Boy

A little boy went into the barn,
And lay down on some hay.
An owl came out,
And flew about,
And the little boy ran away.

小小男孩走進糧倉，
在乾草上躺下。
貓頭鷹走出來，
飛來又飛去，
小小男孩跑出去。

154

讀詩識字

barn [bɑːn] 糧倉；馬房或牛舍
lay down [lei][daun] 躺下（lay是lie的過去式）
owl [aul] 貓頭鷹
flew [fluː] 飛（fly的過去式）

關於這詩

　　這首童謠又稱為「The boy in the barn」，既簡短又易懂。詩歌用了短短五個句子，就帶出時間的流逝。究竟時間怎樣流逝呢？詩中的貓頭鷹出現，就是最好的證明。人們通常用貓頭鷹象徵智慧，但古代文學作品中常常用牠來象徵黑夜降臨。詩中的小男孩大概在白天時走進倉庫裏睡覺，不知不覺間夜幕降臨，於是才急急忙忙走出去。

親子 tips

　　這首詩有很多片語動詞（phrase verb），如went into (go into)、came out (come out)和ran away(run away)，父母可協助孩子記住這些片語動詞的用法，對英文閱讀理解會有助益。

The Clock

There's a neat little clock,
In the school room it stands,
And points to the time,
With its two little hands.

And may we, like the clock,
Keep a face clean and bright,
With hands ever ready,
To do what is right.

一台乾淨的小鐘，站立在課室當中，
它用兩個小指針，指出正確的時間。

願我們像這小鐘，讓小臉乾淨明亮，
時刻準備伸出手，去做應做的事情。

156

讀詩識字

neat [niːt] 乾淨、整潔
point to [pɔint][tuː] 指着
bright [braɪt] 明亮
ready ['redi] 準備

關於這詩

　　這是另一首講述時間的重要性的童謠，愛惜時間是古今中外文學作品的共同主題之一。小朋友通常較缺乏時間觀念，而這首童謠正好告訴孩子時間是何等重要，更重要的是，要在恰當的時間做恰當的事情，不要浪費大好青春時光。

親子 tips

　　孩子在英文課堂裏會學到一些描述時間的詞語和句子，建議父母運用這首詩跟孩子玩扮演遊戲，重溫課堂所學。讓孩子扮時鐘，雙手扮成指針，父母說出：「My little clock, my little clock, please points at ten.」，孩子就要用雙手指出正確的時間。

Curly Locks

Curly Locks, Curly Locks,
Will you be mine?
You shall not wash dishes,
Nor feed the swine,
But sit on a cushion,
And sew a fine seam,
And feed upon strawberries,
Sugar, and cream.

鬆髮的樂施，鬆髮的樂施，
你是我的嗎？
你無需做家務，也無需去餵豬，
只需坐在墊子上，用針線縫補衣裳，
吃着草莓、糖果和奶油。

158

讀詩識字

wash dish [wɔʃ][diʃ] 洗碗
feed [fiːd] 餵食
cushion [ˈkuʃən] 墊子
seam [siːm] 裂縫
sew [səu] 用針線縫補

關於這詩

　　這首童謠的歷史背景已不可考，但它的句子結構簡單，生字不多，語言淺白易懂，十分適合小朋友閱讀。詩中提及的人物「鬈髮的樂施」只是當時大部分年輕女孩子所渴望的生活，卷髮象徵優雅和美麗，詩歌表達了女孩們希望結婚後過着舒適優閒的生活。

親子 tips

　　詩中包含了不同的家務，建議父母跟孩子玩啞口無言的遊戲，先教孩子認讀詩句中wash dishes、feed the swine、sew a fine seam，以及詩中女孩的一些動作，如sit on a cushion、feed upon strawberries, Sugar, and cream，然後和孩子輪流做出相關的動作，搶快讀出與動作有關的詩句，一邊玩一邊讀詩句，會令孩子更易記住有關內容。

Fiddle Dee Dee

Fiddle dee dee, fiddle dee dee,
The fly has married the bumblebee.
Said the fly, said he,
"Will you marry me,
And live with me sweet bumblebee?"
Fiddle dee dee, fiddle dee dee,
The fly has married the bumblebee.

胡說，胡說，
蒼蠅和大黃蜂結婚了。
蒼蠅説道：「大黃蜂甜心，你會嫁給我，
跟我一起生活嗎？」
胡説，胡説，
蒼蠅和大黃蜂結婚了。

讀詩識字

Fiddle dee dee [ˈfɪdlˈdiˈdiː] 胡說
bumblebee [ˈbʌmblbiː] 大黃蜂
marry [ˈmæri] 跟......結婚
live [lɪv] 生活

關於這詩

　　古今成年人常常告誡兒童不要講大話或誇大事情的內容，但有些年紀較小的孩子難以分辨幻想與事實的分別，因而會說出一些成年人難以想像的事情，就像童詩中的蒼蠅和大黃蜂結婚了。事實上，在孩子的想像世界裏，所有事物都有可能發生的。而這首童謠最逗笑之處，就是不斷重複說「Fiddle dee dee」，大概暗示這不是真的。

親子 tips

　　鼓勵孩子為詩中的角色蒼蠅和大黃蜂接續故事，究竟是蒼蠅講大話，還是大黃蜂拒絕了蒼蠅的求婚，牠的理由是甚麼呢？相信接續下去會越來越好笑。

Jack-a-Nory

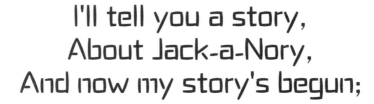

I'll tell you a story,
About Jack-a-Nory,
And now my story's begun;

I'll tell you another
About his big brother,
And now my story is done!

我給你講個積亞羅里故事，
我的故事現已開始了；

我會給你講另一個，
有關他的大哥哥，
我的故事現已講完了。

162

讀詩識字

story [ˈstɔːri] 故事
begun [biˈɡʌn] 開始（began的過去式）
another [əˈnʌðə] 另一個
now [naʊ] 現在

關於這詩

　　這首童謠很特別，也令人啼笑皆非，明明要給小朋友講故事，誰知一開始就完了，卻又開始另一個故事，但還是一句就完了。其實，這個故事也沒有特別的歷史背景或人物故事，而Jack-a-Nory也不算是正式的人物名字，但Jack-a-Nory對成長於20世紀60年代的小朋友十分重要，因為他是英國BBC電視台的一個非常受歡迎的節目名稱（Jackanory）。這個節目以講故事為主，直至90年代仍然是孩子們喜愛的電視節目，當然節目名稱是來自這首童謠。

親子 tips

　　這首童謠也用上了一些押韻字，如story和Jack-a-Nory；another和brother。如果孩子的英文程度較高，父母可鼓勵他說出更多同韻字，如lorry、sorry、father等等。

163

Molly, My Sister

Molly, my sister, And I fell out,
And what do you think
It was all about?

She loved coffee And I loved tea,
And that was the reason
We couldn't agree!

我的姐姐叫茉莉，我跟她吵架了。
你想知道當中原委嗎？

她喝咖啡，我愛喝茶，
這就是我們無法妥協的緣由！

164

讀詩識字

fell out [fɛl][aʊt] 吵架（fall out的過去式）
think [θɪŋk] 想
coffee [ˋkɔfi] 咖啡
reason [ˋriːzn] 原因，理由

關於這詩

　　這是一首格律稍微複雜一點的童詩，但讀起來有抑揚頓挫之感，這是因為詩中的押韻格式頗豐富，例如out與about、tea 與agree均為押韻。

親子 tips

　　詩中有一個片語動詞Fell out (fall out)，是吵架的意思。孩子手足之間發生爭執，有時做父母的確是頗難為的。當孩子之間吵架時，父母不妨讓他們讀一讀這首詩，讓輕鬆的的旋律化解孩子之間的衝突。

As I Was Going by Charing Cross

As I was going by Charing Cross,
I saw a black man upon a black horse.
They told me
it was King Charles the First.
Oh dear, my heart was ready to burst!

查令十字路上走，
黑衣人騎着黑馬。
他們說是英皇查理一世，
啊，親愛的，我心快要燃燒了！

166

讀詩識字

saw [sɔː] 看（see的過去式）
dear [diə] 親愛的
heart [hɑːt] 心臟

關於這詩

　　這首童謠與英皇查理斯一世遭處決的一段歷史有關。由於查理斯一世以暴政統治英格蘭，置人民的權利和自由於不顧，於是被判以死刑。當時負責處決他的人要求戴上黑面具，而查理斯一世就在1684年1月30日星期二下午2時被帶上斷頭台並遭處決。當時軍隊都嚴陣以待，守住英皇路的一邊，在查令十字路上則堆滿了圍觀的人群。查令十字路，即今英國倫敦的查令十字街，是當時的公共處決場。

親子 tips

　　一首詩，一段歷史，讓孩子了解英國歷史的同時，也明白即使是最高權力的人，也沒有權利剝奪人民的自由和權利。

167

As I Was Going to St. Ives

As I was going to St. Ives,
I met a man with seven wives,
And every wife had seven sacks,
And every sack had seven cats,
And every cat had seven kits,
Kits, cats, sacks, wives,
How many were going to St. Ives?

當我去聖艾芙時，
一個男人有七個妻子，
每個妻子有七個布袋，
每個布袋有七隻貓咪，
每隻貓生了七隻小貓，
小貓、大貓、布袋和妻子，
究竟去了聖艾芙的是多少？

168

讀詩識字

wives [waɪvz] 妻子（wife的複數）
sack [sæk] 布袋
kit [kɪt] 小貓

關於這詩

這是一首考起小朋友和成年人的有趣童謠，早在1730年已面世。詩中的聖艾芙就在英國的Cornwall。這首充滿數字玄機的童謠其實是一道數學謎題。先揭曉答案吧！答案是共有2801妻子、布袋、大貓和小貓。究竟這是怎樣算出來的呢？

1個男人
7個妻子
7 X 7=49個布袋
7 X 7 X 7=343隻大貓
7 X 7 X 7 X 7=2401隻小貓
算式：1 + 7 + 49 + 343 + 2401=2801

親子 tips

　　一首短短的童詩竟然隱含了數學難題，可見創作這首詩的人非常聰明。父母可鼓勵孩子把詩中的數字改一改，看看答案是甚麼。既可學英語，也可練習數學，真是一舉兩得。

169

Peter Piper

Peter Piper picked
a peck of pickled peppers,
A peck of pickled peppers
Peter Piper picked.
If Peter Piper picked a peck of
pickled peppers,
Where's the peck of pickled peppers Peter Piper picked?

比得・派亞拾到很多醃製的辣椒，
很多醃製的辣椒被比得・派亞拾得。
如果比得・派亞拾到很多醃製的辣椒，
那麼比得・派亞在哪裏拾到這麼多醃製的辣椒？

a peck of [ei][pek][ɔv] 很多、大量
pickled [ˋpikld] 醃製的
pepper [ˋpepə] 辣椒
pick [pik] 拾得

關於這詩

　　這是一首非常有趣的童謠，跟Betty Botter一樣，詩中運用了p字開頭的字詞，透過近似的發音，令詩歌更具音樂效果。這些字詞包括：Peter Piper、picked、peck、pickled、peppers。但這首詩與Betty Botter最大不同之處，在於幾乎每一句都重複第一句，或者只是將句子作前後倒置，更加增強了節奏感。

親子 tips

　　如果孩子有足夠的自信心，不妨設定時限（如10秒），讓孩子快速地讀出這首詩，相信過程中會出現一些逗笑的場面，不妨試試。

171

Rock-a-Bye Baby

Rock-a-bye baby on the treetop,
When the wind blows
the cradle will rock,
When the bough breaks
the cradle will fall,
And down will come baby, cradle and all.

把小寶貝從樹頂上搖下來，
當風吹動時，搖籃就會動搖。
當樹枝斷掉，搖籃就會落掉，
小寶貝和搖籃都會落下來。

172

讀詩識字

rock [rɔk] 搖動
treetop [ˈtriːtɔp] 樹頂
bough [bau] 大樹枝
cradle [ˈkreidl] 搖籃

關於這詩

　　這首童謠有兩個歷史版本，分別來自美國和英國。這首詩的美國版本又稱為Hush a bye baby，源自一個美國男孩去流浪，看到印第安人的母親把搖籃掛在樹枝上，讓風吹動搖籃，哄小寶寶睡覺。

　　而英國的版本可以追溯至1700年代，有一個住在樹屋的家庭，世世代代都以燒木炭為業。他們一共生了八個孩子，於是把孩子放進中空的大樹枝裏，當作搖籃。

親子 tips

　　父母跟孩子分享這首詩時，無論孩子年紀多大，不妨抱起他們，把他們在空中作上落擺動，或左右搖動，讓他們重溫嬰孩時的感覺。

Simple Simon

Simple Simon met a pieman,
Going to the fair;
Says Simple Simon to the pieman,
"Let me taste your ware."
Says the pieman to Simple Simon,
"Show me first your penny."
Says Simple Simon to the pieman,
"Indeed I have not any."

無知的西蒙遇見賣餡餅的人，正要趕往市集，
無知的西蒙對賣餡餅的人說：
「讓我嘗嘗你的餡餅吧。」
商人對無知的西蒙說：
「先讓我看看你的便士吧。」
無知的西蒙對賣餡餅的人說：
「其實我一分便士也沒有。」

174

 讀詩識字

simple [ˋsɪmpl] 簡單的；無知的
pieman [ˋpaɪmən] 做餡餅的人
fair [fɛə] 市集
indeed [inˋdiːd] 事實上

關於這詩

　　這是一首受小朋友歡迎的童謠，面世年代已不可考。詩中透過西蒙和賣餡餅的人簡短的對話，帶出歐洲傳統的市集的一些情況。市集的傳統和歷史可追溯至中世紀的英格蘭，人們把自己製作的物品在市集裏出售。

親子 tips

　　對話是這首詩的最大特色，建議父母跟孩子玩角色扮演遊戲，輪流扮演詩中的西蒙和賣餡餅的人。

The Grand Old Duke of York

The grand old Duke of York,
He had ten thousand men.
He marched them up to the top of the hill,
And he marched them down again.

And when they were up, they were up;
And when they were down, they were down.
But when they were only halfway up,
They were neither up nor down!

偉大的約克老公爵，他有一萬個將士。
領着他們走上山之顛，然後領着他們走下來。

當他們上山，他們就上山，當他們下山，他們就下山，
當他們在途中，他們就不上不下！

176

讀詩識字

grand [græand] 偉大的
halfway [ˈhɑːfˈwei] 途中

關於這詩

　　這首童謠約出現於15世紀的金雀花王朝（Plantagenet dynasty），當時發生了一場玫瑰之戰，約克家族（以白玫瑰為標誌）和蘭加斯汀（Lancaster）家族（以紅玫瑰為標誌）之間發生了戰爭，戰事持續了超過30年。這首詩是嘲笑約克公爵打敗仗，而這位公爵名叫「李察」（Richard）。1460年12月30日，李察帶領軍隊防守山度城堡（Sandal Castle），可是，他突然改變策略，帶領軍隊下山攻打蘭加斯汀軍隊，結果慘敗，最後被殺。

親子 tips

　　翻閱古今中外歷史，往往少不了戰爭場面，即使是21世紀的今天，戰爭還是不斷發生。問問孩子戰爭會帶來哪些災害？除了武力外，人們可以用哪些方法解決爭執？

177

What Are Little Boys Made Of

What are little boys made of?
Snips and snails, and puppy dog tails,
That's what little boys are made of.

What are little girls made of?
Sugar and spice, and everything nice,
That's what little girls are made of.

小男孩用甚麼做的？
小片、蝸牛和小狗尾巴，
這就是小男孩。

小女孩用甚麼做的？
糖果、香料和各種美好的東西，
這就是小女孩。

178

讀詩識字

snip [snip] 小片
snail [sneil] 蝸牛
tail [teil] 尾巴
spice [spais] 香料

關於這詩

　　這首童謠約出現於19世紀，當時男女兩性之間的戰爭已經開始了。詩中描述小男孩的詩句，似乎有些地方令人費解，究竟「snips and snails」是甚麼意思呢？目前最可信的解釋是，snips and snails的原文應為snips of snails，原意指「小小的」。從詩中對女孩的較正面描述，可見有關男孩的描述是帶點輕視的。

親子 tips

　　兩性平等一直是全球的共同話題，父母可藉着這首詩給孩子灌輸正確的兩性平等觀念，讓孩子懂得欣賞和學習兩性的長處，學會尊重別人。

179

Monday's Child

Monday's child is fair of face,
Tuesday's child is full of grace,
Wednesday's child is full of woe,
Thursday's child has far to go,
Friday's child is loving and giving,
Saturday's child works hard for his living,
And the child that is born on the Sabbath day,
Is bonny and blithe, and good and gay.

星期一出生的孩子長相漂亮，
星期二出生的孩子舉止優雅，
星期三出生的孩子性格悲觀，
星期四出生的孩子有很長的路要走，
星期五出生的孩子可愛而慷慨，
星期六出生的孩子努力工作，
而在安息日出生的孩子，
是漂亮、愉快和優秀而受人歡迎。

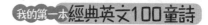

讀詩識字

Monday [ˋmʌndei] 星期一
Tuesday [ˋtjuːzdi] 星期二
Wednesday [ˋwenzdi] 星期三
Thursday [ˋθəːzdi] 星期四
Friday [ˋfraidi] 星期五
Saturday [ˋsætədi] 星期六
Sabbath day [ˋsæbəθ][dei] 安息日（星期日）

關於這詩

　　這是一首很受歡迎的預言童謠，預卜一周中不同日子出生的孩子的將來。詩的來源已不可考，不過相信和一些神祇的性格相關。舉例來說，星期五的英文Friday源於愛之女神Norse，而在羅馬文中，Friday一詞也是來自羅馬的愛和美麗之神維納斯（Venus），所以星期五出世的孩子會有愛心和願意付出。星期天因為是安息日（Sabbath day），所以當天出生的孩子沒有明顯的個性。

親子 tips

　　最後一句的「gay」這個詞原是指受歡迎的人，但由於作為同性戀者的俗稱已深入民心，父母可將之改為「in every way」也很好聽。

Six Little Mice

Six little mice sat down to spin,
Pussy passed by and she peeped in.
What are you doing my little men?
Weaving coats for gentlemen.

Shall I come in and cut off your threads?
No, no mistress pussy,
You'd bite off our heads.
Oh no I will not, I will help you spin.
That may be so but you don't come in

六隻小老鼠坐着紡紗，貓咪經過偷偷看。
小傢伙，你們在做甚麼？給主人紡製衣裳。

我可以進來幫忙剪線嗎？
不，不，貓咪小姐，你會咬我們的頭。
怎麼會呢！我會幫忙紡紗的。
可能吧，但你還是別進來的好。

讀詩識字

mice [maɪs] 老鼠（mouse的複數）
pussy [ˈpusɪ] 貓咪
pass by [pɑːs][baɪ] 經過
peep in [piːp][ɪn] 偷看
thread [θred] 線

關於這詩

　　這首詩最大的特色是運用了問答的對話方式，而且故事內容十分有趣，非常適合親子之間玩扮演遊戲，從中可以學習詩中人物說話時的語氣，了解人物的心情和感受，如小老鼠的機警、貓咪的奸狡等等。

親子 tips

　　對於年幼的孩子，父母可利用布偶來跟孩子分享這首童謠，而對於年紀較大而又有一定英文程度的孩子，父母可跟他玩詩劇，來演一場鼠貓鬥智劇，皆大歡喜。

Old King Cole

Old King Cole was a merry old soul,
and a merry old soul was he;
He called for his pipe in the middle of the night,
And he called for his fiddlers three.
Every fiddler had a fine fiddle,
and a very fine fiddle had he;
Oh there's none so rare as can compare,
With King Cole and his fiddlers three.

老皇帝柯爾是快樂的老人，快樂的老人就是他，
他在半夜召來了管樂隊，還召來了三個小提琴家。
每個小提琴家有個好小提琴，
每個很好的小提琴都配了個小提琴家，
噢，很少人可以與之相提並論，
比得上皇帝柯爾和他的三個小提琴家。

184

讀詩識字

merry [ˈmɛri] 歡樂的，愉快的
soul [soul] 靈魂，心靈
pipe [paɪp] 管樂器，笛

fiddler [ˈfɪdlə] 小提琴手
fine [faɪn] 美好的，優秀的
fiddle [ˈfɪdl] 小提琴

關於這詩

　　這首童謠可以追溯到公元3世紀的英國。當時英國的凱爾特皇帝（Celtic Kings of Britain）中有三位的名字都叫「Coel」，而凱爾特文的「Coel」等同於英文的「Cole」。這三位統治者分別名為「Coel Godhebog」、「Coel Hen」和「St. Ceneu ap Coel」。其中Coel Hen還因為長壽而被稱為「Coel the Old」，應該是三者中最有可能是Old King Cole的人。Coel Hen是科爾切斯特城堡（Colchester Castle）的統治者，但他所處的時代是羅馬王朝沒落的時期，羅馬人開始離開英國返回意大利，所以Coel Hen相信是王朝的最後一代。

親子 tips

　　在美國，「King Coal」常用來隱喻阿巴拉契亞（Appalachia，美國東部一地區）的煤礦業，而在加拿大，「King Cole」則是一款茶的品牌名（由G.E. Barbour Inc公司生產），該品牌有過百年的歷史。

185

Betty Botter

Betty Botter bought some butter,
But, she said, the butter's bitter.
If I put it in my batter,
It will make my batter bitter.

But a bit of better butter
Is sure to make my batter better.
So she bought a bit of butter
Better than her bitter butter,
And she put it in her batter
And the batter was not bitter.

So 'twas better Betty Botter
Bought a bit of better butter.

186

比蒂‧博特買牛油，
她說牛油有點苦味。
如果放進打糊器皿，
會令器皿有點苦味。

但一些上好的牛油，
會令打糊器皿更好。
於是買了好的牛油，
好過有苦味的牛油，
打糊器皿沒有苦味。

好好的比蒂‧博特，
買了一些好的牛油。

讀詩識字

butter [ˋbʌtə] 牛油
bitter [ˋbitə] 苦味
batter [ˋbætə] 打糊器皿
a bit of [ei][bit][ɔə] 一點點

關於這詩

　　這是一首玩文字遊戲的童謠，全詩用了很多B字開頭的字詞，如Betty Botter、bought、butter、but、bitter、batter、better、bit。由於發音相近，因而營造了極動聽的音律效果。

親子 tips

　　當孩子熟悉這首詩後，建議父母把詩分段，鼓勵孩子把詩句讀出來，讀得越快越好，可幫助孩子掌握生字的正確發音，以及訓練急口令。

The Four Friends

Ernest was an elephant, a great big fellow,
Leonard was a lion with a six-foot tail,
George was a goat, and his beard was yellow,
And James was a very small snail.

Leonard had a stall, and a great big strong one,
Ernest had a manger, and its walls were thick,
George found a pen,
but I think it was the wrong one,
And James sat down on a brick.

恩尼斯是隻大象，巨大的傢伙，里安納是隻獅子，
尾巴有六呎長，佐治是隻山羊，牠的鬍子黃黃的，
而詹姆斯是一隻小小的蝸牛。

里安納有個又大又堅固的欄舍，恩尼斯有個畜欄，
墙壁很厚，佐治找到一個圍欄，但我想他找錯了，
而詹姆斯就坐在一塊磚上。

elephant [ˋɛlɪfənt] 象
lion [ˋlaɪən] 獅子
goat [gəut] 山羊
snail [sneɪl] 蝸牛
stall [stɔːl] 欄、廄、柵、棚（牲畜的）
manger [ˋmeɪndʒə] 馬槽
pen [pen] 筆；（牲畜的）欄、圈
brick [brɪk] 磚塊

關於這詩

　　這首詩的作者米爾恩（Alan Alexander Milne, A. A. Milne, 1882 - 1956）是英國著名的作家和劇作家。A. A. Milne在蘇格蘭出生，並在倫敦長大和求學，他創作的卡通人物包括小熊維尼（Winnie-the-Pooh）和泰迪熊（Teddy bear），而小熊維尼故事中的羅賓（Christopher Robin）就是他兒子的名字。

親子 tips

　　這首詩可以幫寶寶認識動物，以及學習大小和容量的概念，家長可以一邊讀詩一邊比畫大小，使孩子更投入。

189

Pop! Goes the Weasel

Half a pound of tuppenny rice,
Half a pound of treacle.
That's the way the money goes,
Pop! goes the weasel.
Up and down the City road,
In and out the Eagle,
That's the way the money goes,
Pop! goes the weasel.

半磅兩便士的米，半磅蜜糖。
金錢就這樣花掉，啊，都給了鼬鼠。
全城上下走來走去，英格城裏進進出出，
金錢就這樣花掉，啊，都給了鼬鼠。

190

讀詩識字

pound [paund] 磅
tuppenny [ˈtʌpəni] 兩便士
weasel [ˈwiːzl] 鼬鼠;奸狡的人
money [ˈmʌni] 金錢

關於這詩

　　這首童謠大概出現於1700年代,詩中部分內容似乎有點難以明白,尤其是「Pop! goes the weasel」一句。其實,Pop和Weasel源自倫敦東區Cockney的俚語。Cockney是一個非常親密的社區,人們對陌生人都會有所警惕,他們也討厭警察,於是發展了一套非常特別的社區俚語,令外來人難以明白。Pop和weasel就是這樣的俚語,Pop其實是指Pawn(抵押,典當);weasel則源自「weasel and stoat」,指大衣。舊時的英國人,即使是窮人,家中一定會有一套西裝,以便星期天去教堂。當他們缺錢時,就會在星期一把西裝典當,並在星期天之前贖回。這就是「Pop! goes the weasel」一句的真正意思!

親子 tips

　　這首詩有一個量詞a pound of,建議父母鼓勵孩子運用這個量詞來描述事物,如a pound of sugar、a pound of salt等等。

191

Jack and Jill

Jack and Jill went up the hill
to fetch a pail of water,
Jack fell down and broke his crown,
And Jill came tumbling after.
Up got Jack, and home did trot,
As fast as he could caper,
He went to bed and bound his head,
With vinegar and brown paper.

傑克和潔兒走上山坡去取一桶水。
傑克滾下山坡，打破了皇冠，
潔兒也跟着他摔了一跤。
傑克爬起來，跑着回家，
能跳多快就跳多快，傑克上了床包了頭，
用的是醋和棕色的紙。

192

 讀詩識字

hill [hil] 小山、丘陵
fetch [fetʃ] 拿來、去拿
a pail of water [ei][peil][ɔʌ][ˋwɔːtə] 一桶水
crown [kraun] 皇冠

tumbling [ˋtʌmbliŋ] 翻滾
caper [ˋkeipə] 雀躍、蹦跳
vinegar [ˋvinigə] 醋

關於這詩

　　這首童詩的首次出版年份是1795年。Jack和Jill其實是指法王路易十六世（King Louis XVI）和他的皇后瑪麗安東尼婭（Queen Marie Antoinette）。詩中的「broke his crown」和「Jill came tumbling after」是隱喻，就是指路易十六世兩夫婦先後被處決的事。雖然如此，為了小孩子，Jack和Jill的故事還是保留了開心的結局。

親子 tips

　　在莎士比亞（Shakespeare）的《仲夏夜之夢》（Mid Summer Night's Dream）劇本第三場的結尾部分有這兩句：
　　Jack shall have Jill;（傑克要和潔兒在一起）
　　Nought shall go ill.（不然就會病倒）
　　這兩句也常被用為「有情人終成眷屬」的成語。

193

Sing a Song of Sixpence

Sing a song of sixpence a pocket full of rye,
Four and twenty blackbirds baked in a pie.
When the pie was opened the birds began to sing,
Oh wasn't that a dainty dish to set before the king?

The king was in his counting house counting out his money,
The queen was in the parlour eating bread and honey,
The maid was in the garden hanging out the clothes,
When down came a blackbird and pecked off her nose!

唱首六便士之歌，滿滿一袋的黑麥。
餡餅裏烘烤着二十四隻畫眉鳥。
打開餡餅時，鳥兒們開始唱歌，
啊！這精緻的盤子不是放在國王面前的嗎？
國王在錢庫數着財富。
王后在客廳吃麵包和蜂蜜。
侍從在庭院裏把衣物晾曬，
當鳥兒飛下來時，啄了一下她的鼻子！

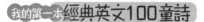

 讀詩識字

sixpence [ˋsikspəns] 六便士
rye [rai] 黑麥
blackbird [ˋblæk,bə:d] 畫眉鳥
pie [pai] 餡餅
dainty [ˋdeinti] 精緻的
parlour [ˋpɑ:lə] 客廳
maid [meid] 侍從、傭人
peck [pek] 啄

關於這詩

　　相信成年人讀到這首童謠時，會對詩中的鳥兒餡餅感到奇怪。其實成年人不應帶着理性的眼光去批評這首詩，反而應該從孩子天馬行空的想像角度來考量。在他們的想像世界裏，有鳥兒餡餅這種奇怪的事物，一點也不出奇。

親子 tips

　　當父母讀到最後一句pecked off her nose時，冷不防擰一擰孩子的鼻子，製造親子歡樂氣氛，相信孩子會讀得開心，玩得高興。

195

How Doth The Little Crocodile

How doth the little crocodile
Improve his shining tail,
And pour the waters of the Nile
On every golden scale!

How cheerfully he seems to grin,
How neatly spreads his claws,
And welcomes little fishes in,
With gently smiling jaws!

小鱷魚，是怎樣令尾巴變得更閃亮？
傾倒尼羅河水，於每一片金黃色的鱗片上！

他看起來笑得多開懷，他的爪子整齊地張開，
歡迎小魚兒游進來，他溫柔地微笑的嘴巴！

196

讀詩識字

crocodile [ˈkrɔkədail] 鱷魚；口蜜腹劍的人

tail [teil] 尾部

scale [skeil] 鱗片

grin [grin] 露齒笑、咧口笑

claw [klɔː] 爪

關於這詩

　　這首詩出自著名童話故事《愛麗詩夢遊仙境》的第二章，由Lewis Carroll所作。Lewis Carroll本名Charles Lutwidge Dodgson (1832-1898)，在英國維多利亞時期於牛津大學基督教學院（Christ Church, Oxford）教授數學，學術以外的作品都是以筆名來發表，故此，當時的社會大眾多半不知道Carroll本人是誰。另外，他同時也是一位傑出的攝影家。

親子 tips

　　這首詩分為兩段，每段都是單雙句各自押韻的結構，即第一段是Crocodile和Nile、tail和scale，第二段為grin和in、claws和jaws。

Boys and Girls Come Out to Play

Boys and girls come out to play,
The moon does shine as bright as day.
Leave your supper and leave your sleep,
And join your playfellows in the street.

Come with a whoop and come with a call,
Come with a good will or not at all.
Up the ladder and down the wall,
A half-penny loaf will serve us all;
You find milk and I'll find flour,
And we'll have pudding in half an hour.

男孩和女孩們出來玩耍吧，天上月色明亮如白天。
別理會晚飯，也別理會睡覺，
加入街上的小玩伴們吧。
高聲呼叫，來吧，高聲叫喊，來吧，
帶着你的友善，來吧！爬上樓梯，越過圍牆。
只需一點麵包就足以令我們飽飽的，
你找到牛奶，我找到麵粉，
我們將會在個半小時後吃到布甸。

讀詩識字

bright [braɪt] 明亮
whoop [hwuːp] 高聲呼叫
loaf [lauf] 麵包
pudding [ˋpudɪŋ] 布甸

關於這詩

　　這首童謠首次出版於1780年。歐洲各國在工業革命出現後，國內的工廠都普遍聘用童工。通常，貧窮家庭的小朋友從5歲起就要到工廠工作，幫補家計，他們一般要工作16小時。當時只有富裕人家的孩子才有機會上學。那些在工廠裏做童工的小朋友在白天很少有時間玩耍，只能在晚上一起做遊戲，這首童謠就是一些白天要做工的小朋友的生活寫照。

親子 tips

　　唱童謠最好玩的地方是可以配合身體動作，父母跟孩子講這首詩時，不妨引導孩子想像自己跟小朋友玩，每讀到一行詩句，做出相關動作和表情。例如讀第一句時，可建議孩子做呼喚朋伴的樣子和招手的動作。

If All the Seas Were One Sea

If all the seas were one sea,
What a great sea that would be!

And if all the trees were one tree,
What a great tree that would be!

And if all the axes were one axe,
What a great axe that would be!

And if all the men were one man,
What a great man that would be!

And if the great man took the great axe,
And cut down the great tree,
And let it fall into the great sea,
What a splash-splash that would be!

200

如果將所有的海洋匯成一個大海，那將會是一個
怎樣的大海呀！

如果所有的樹合成一棵樹，那將會是一棵怎樣的
大樹呀！

如果所有的斧頭製成一把斧頭，那將會是一把怎
樣的巨斧呀！

如果所有的人都變成一個人，那將會是一個怎樣
的巨人呀！

如果這個巨人，拿起那把巨斧，砍倒那棵大樹，
拋落那個大海，那將會是一撥飛濺的水花呀！

讀詩識字

sea [siː] 海
axe [æks] 斧頭
splash [splæʃ] 飛濺的水

關於這詩

　　這首詩作者佚名，年代、背景等資料亦不詳。不過，因為內容簡單，直接且有趣，有點像玩邏輯遊戲，故此，一直廣為流傳，亦有版畫家根據其內容繪製版畫，並輯錄成書出版。

親子 tips

　　這首童詩比較長，但結構十分簡單，就是不斷根據同一句式造句，來造成韻文的效果。當孩子學懂這首詩後，不妨讓他仿照相似句子（但不必這麼長），自行創作出一首童詩。

201

I Had a Little Husband

I had a little husband,
no bigger than my thumb,
I put him in a pint pot,
and there I bade him drum.
I bought a little horse,
that galloped up and down.
I bridled him and saddled him,
and sent him out of town.
I gave him some garters to garter up his hose,
and a little silk handkerchief
to wipe his pretty nose.

我有一個小丈夫，只有大拇指般大。
把他放在小容器，叫他打鼓咚咚咚。
我買了一匹小馬，飛也似的跑上跑落！
我給他繫上韁繩和裝上馬鞍，把他送出城外去。
我給他長筒襪，來包裹他的緊身褲，
也給他一些絲絹手帕，來擦乾他那漂亮的鼻子。

202

我的第一本經典英文100童詩

讀詩識字

thumb [θʌm] 拇指
gallop [ˋɡæləp] 疾馳、飛跑
bridle [ˋbraɪdl] 給馬繫上韁繩
handkerchief [ˋhæŋkətʃɪf] 手帕

關於這詩

　　這首古代童謠是受了大拇指湯姆（Tom Thumb）故事的影響，話說一個仙子讓斬柴人和他的妻子許一個願望，他們希望有一個像大拇指般大的小人兒作伴，終於願望成真。多年以後，大拇指湯姆被一條魚吞進肚子 ，這條魚後來成為亞瑟王餐桌上的一道菜。當這條魚被宰殺時，大拇指湯姆馬上從魚肚 跳出來。後來，他被亞瑟王封為爵士。

親子 tips

　　父母跟小朋友閱讀這首童謠時，除了說說大拇指湯姆的故事外，也要提及大拇指姑娘這個家傳戶曉的故事，並引導孩子比較兩個故事的異同。如果孩子感興趣，不妨鼓勵他創作一個全新版本的拇指小人兒的故事。

203

London Bridge Is Falling Down
（節錄）

London Bridge is falling down,
Falling down , falling down,
London Bridge is falling down,
My fair lady.

Take a key and lock her up,
Lock her up, lock her up,
Take a key and lock her up,
My fair lady.

倫敦橋要塌下來，塌下來，塌下來，
倫敦大橋要塌下來，我美麗的淑女。

拿起鑰匙鎖住她，鎖住她，鎖住她，
拿起鑰匙鎖住她，我美麗的淑女。

204

讀詩識字

bridge [brɪdʒ] 橋、橋樑
lock [lɔk] 鎖；水閘

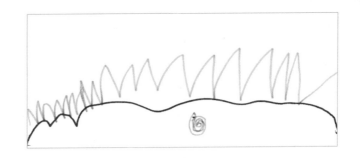

關於這詩

　　這是一首流傳甚廣的童詩和歌謠，在不同的時期有不同的版本。倫敦橋是泰晤士河上最古老的橋樑，第一道可以追溯至兩千年前的古羅馬時期，因為是木製，往往毀於洪水、火災和戰禍；11世紀的石造橋樑又因為負載樓宇、教堂等建築，甚至兼負水壩功能，因負荷太重而垮掉多次，後來甚至遭到火災。至19世紀重新興建大橋，又因交通需求而加寬橋面，致橋墩沉陷，後來賣給了一位美國富翁，重新興建另一條倫敦橋。這版本說的應該就是19世紀時興建的倫敦橋。

親子 tips

　　這首童詩除了朗讀外，還可以一邊唱，一邊玩遊戲。方法是以兩人牽着雙手舉高扮成橋，其他人在橋下走過，當歌曲唱完，橋塌下來，被困橋中的人就算輸了。

205

Old MacDonald Had a Farm

Old MacDonald had a farm, Ee-i-ee-i-o,
And on his farm he had a duck, Ee-i-ee-i-o,

With a quack-quack here,
And a quack-quack there,
Here a quack, there a quack ,
Everywhere a quack-quack,

Old MacDonald had a farm, Ee-i-ee-i-o.

老麥克唐納有個農場，咿呀咿呀喔！
農場裏面養了鴨，咿呀咿呀喔！

這裏有小鴨叫，那裏有小鴨叫，
這兒呱呱，那兒呱呱，到處都聽到呱呱叫。

老麥克唐納有個農場，咿呀咿呀喔！

206

 讀詩識字

farm [fɑːm] 農場
everywhere [ˈɛvrɪwɛə] 處處、到處

關於這詩

　　這首童詩流傳甚廣，尤其配上曲譜後，更是連三歲小孩都可以輕易琅琅上口，亦因為這樣，已難以追溯其起源和由來。

親子 tips

　　除了duck和quack外，亦可以配上pigs和snort、horse和neigh、cow和moo、chick和chee等不同動物及其叫聲。

207

《我的第一本經典101英文童詩》(修訂版)

編著：王曉影　李雪熒　葉芷瑩
版面設計：kinley
插圖：Sofie Wong (5歲)
責任編輯：彭麗彩

出版：跨版生活圖書出版
地址：荃灣沙咀道11-19號達貿中心211室
電話：3153-5574　傳真：3162-7223
專頁：https://www.facebook.com/crossborderbook
網站：https://www.crossborderbook.net
電郵：crossborderbook@yahoo.com.hk

發行：泛華發行代理有限公司
地址：香港新界將軍澳工業邨駿昌街7號星島新聞集團大廈
電話：2798-2220　傳真：2796-5471
網頁：http://www.gccd.com.hk
電郵：gccd@singtaonewscrorp.com

印刷：鴻基印刷有限公司

出版日期：2019年7月第2次印刷
定價：港幣八十八元
ISBN：978-988-78895-0-2

出版社法律顧問：勞潔儀律師行